本成果得到国家社科基金重大项目"建立健全我国网络综合治理体系研究"（20ZDA062）的基金支持

U0675114

网络法律话语经典译丛

丛书总主编：程乐　王春晖　时建中　张延川

关键信息基础设施
保护与修复力

[英] 梅特兰·希斯洛普／著

程乐　余方洁　王学高　孙钰岫／译

CRITICAL INFORMATION INFRASTRUCTURES:
RESILIENCE AND PROTECTION

Maitland Hyslop

中国民主法制出版社

全国百佳图书出版单位

图书在版编目（CIP）数据

关键信息基础设施保护与修复力/（英）梅特兰·希
斯洛普著；程乐等译. -- 北京：中国民主法制出版社，
2020.1
（网络法律话语经典译丛）
ISBN 978-7-5162-2154-9

Ⅰ.①关…　Ⅱ.①梅…　②程…　Ⅲ.①信息安全—基
础设施—保护—研究　Ⅳ.①G203

中国版本图书馆 CIP 数据核字（2019）第 281554 号

著作权合同登记号：01—2020—2726

图书出品人：刘海涛
出 版 统 筹：乔先彪
责 任 编 辑：逯卫光

书名/关键信息基础设施保护与修复力
作者/[英] 梅特兰·希斯洛普　著
　　　程　乐　余方洁　王学高　孙钰岫　译

出版·发行/中国民主法制出版社
地址/北京市丰台区玉林里 7 号（100069）
电话/（010）63055259（总编室）　63058068　63057714（营销中心）
传真/（010）63055259
http://www.npcpub.com
E-mail:mzfz@npcpub.com
经销/新华书店
开本/16 开　710 毫米×1000 毫米
印张/13.5　字数/203 千字
版本/2020 年 8 月第 1 版　2020 年 8 月第 1 次印刷
印刷/北京天宇万达印刷有限公司

书号/ISBN 978-7-5162-2154-9
定价/48.00 元

"网络法律话语经典译丛"编委会名单

总　主　编

程　乐　王春晖　时建中　张延川

副总主编

何莲珍　李　俭　裴佳敏　孙钰岫

编　　委（按照姓名拼音排序）

陈　港（浙江公共安全技术研究院）

陈永强（中国计量大学）

程　乐（浙江大学）

迟秀明（中国行为法学会）

戴　龙（中国政法大学）

刁胜先（重庆邮电大学）

高奇琦（华东政法大学）

高旭东（清华大学）

宫明玉（对外经济贸易大学）

李　俭（浙江工商大学）

李丹林（中国传媒大学）

刘海涛（中国民主法制出版社有限公司）

刘曙元（北京华电天仁电力控制技术有限公司）

逯卫光（中国民主法制出版社有限公司）

裴佳敏（浙江大学）

时建中（中国政法大学）

石文昌（中国人民大学）

司春磊（山西法商研究中心）

孙钰岫（浙江大学）

万学忠（法制网）

王　欣（浙江大学）

王春晖（南京邮电大学）

王文华（北京外国语大学）

王学高（中国电信集团有限公司）

谢永江（北京邮电大学）

杨　巧（西北政法大学）

叶　宁（浙江警察学院）

张吉豫（中国人民大学）

张建文（西南政法大学）

张延川（中国通信学会）

张子健（重庆交通大学）

前言与致谢

没有众人的帮助,本书将不会和大家见面。

首先,著述本书的契机始于我的研究生时代。彼时,我有幸成为杜伦大学的研究生、导师和诺森比亚大学的研究员。在杜伦大学,我从 Gerald Blake 教授身上受益颇多,本书的部分创作得益于他的鼓励。感谢壳牌国际对我的支持,感谢哈特菲尔德学院的津贴补助。

在诺森比亚大学灾难与发展中心的日子,对我来说不仅是一种享受,也是追求梦想的机遇。感谢副校长 Kel Fidler 和中心主任 Dr. Andrew Collins。感谢 Michel Frenkiel,很高兴能够和他一道参与欧盟委员会的电子司法(eJustice)项目,他也是本书的主要推动者,让我开阔眼界、拓展思维,从而获得思考问题的不同角度。感谢达特茅斯学院信息基础设施保护研究所的 Eric Goetz,没有他邀请我加入他们的工作小组,本书就不会问世。

感谢我的同事 Onyx 集团的首席执行官 Alastair Waite,感谢他给予我宝贵的写作时间和鼓励。感谢家人和朋友们的支持。感谢 Mills Advertising,特别是 Elphee 对本书手稿的帮助。最后,感谢施普林格出版社(Springer)的 Amy Brais 愿意出版此书。

本书中的观点和错误全权由作者承担。

Maitland Hyslop
2006 年 12 月

目 录
CONTENTS

第一章　**引　言**　_ 001

第二章　**定义与假设**　_ 008

第三章　**关键基础设施和关键信息基础设施：按地理分类**　_ 019

第四章　**关键基础设施和关键信息基础设施：按类型分类**　_ 042

第五章　**关键信息基础设施**　_ 058

第六章　**影响关键基础设施的因素**　_ 074

第七章　**信息安全、灾难恢复、业务连续性、业务修复能力标准的评述**　_ 084

第八章　**修复力与呼叫中心离岸外包：案例研究**　_ 131

第九章　**信息基础设施修复力、恢复力和安全性**　_ 139

第十章　**提升个人、企业、国家和国际修复力，以及改进关键基础设施
与关键信息基础设施的建议**　_ 146

参考文献　_ 157

图 目 录

图 1　新西兰关键基础设施的依赖性(资料来源:新西兰政府)　_ 034

图 2　新西兰基础设施的威胁和脆弱性(资料来源:新西兰政府)　_ 034

图 3　新西兰风险缓解周期(资料来源:新西兰政府)　_ 035

图 4　国际防御模型　_ 156

表 目 录

表 1　英国基础设施所有权　_ 016

表 2　英国基础设施防御　_ 017

表 3　国际信息安全标准比较　_ 098

表 4　离岸外包的利弊比较　_ 136

表 5　2003 年 OECD 国家宽带接入、电信和数据使用代理
　　　（来源：OECD）　_ 140

表 6　修复力品质比较　_ 143

第一章
引 言

当今世界,特别是在关键基础设施领域,修复力已经成为越来越重要的概念和能力。2000 年以来,尤其是在经济合作与发展组织(OECD),人们已经习惯依靠信息和电信系统生存。其他的关键基础设施,也或多或少地依赖关键信息基础设施得以延续。①② 因此,在关键信息基础设施领域,修复力至关重要。

可以说,在 20 世纪 80 年代末之前,国家、民族间国防能力的较量是政治意志和武装力量两个方面的共同作用。柏林墙的倒塌可能是冷战结束和两极世界瓦解的标志,但随之又迎来了全球化和多极化的数字世界。简言之,世界局势由此产生了多个权力真空地带,而这些地带还尚未充分被填充和稳固。在这个"新世界",许多变化正悄然进行,其中最大的变化是 OECD 国家③普遍使用数字技术。于是,原来的平衡被打破了。这些国家一方面依赖于信息技术,另一方面,作为单个民族又与这种新的蓬勃发展的"全球"电子经济格格不入。

2007 年,攻击、捍卫政治经济利益的方式变了,传统的武装冲突只是其中的一种。新的冲突方式——非对称战争④,日渐盛行。"非对称战争",通常是由较小实体针对大型实体发动的战争。现在,许多恐怖主义组织使用电子作战环境与敌方较量,这样即使对方人多势众也不必担心。与此同时,

---

① 马斯洛需求层次结构的改编版来自 KPMG(毕马威会计师事务所)。它看起来是分析千年虫问题的副产物。突然之间,人们意识到人类是多么地依赖电脑。

② 马斯洛需求层次,参见:www. businessballs. com/maslow. htm(访问时间:2007. 1. 6)。

③ 经合组织(OECD)成员包括:澳大利亚、奥地利、比利时、加拿大、捷克、丹麦、芬兰、法国、德国、希腊、匈牙利、冰岛、爱尔兰、意大利、日本、韩国、卢森堡、墨西哥、荷兰、新西兰、挪威、波兰、葡萄牙、斯洛伐克、西班牙、瑞典、瑞士、土耳其、英国和美国等 38 个国家(截至 2020 年 5 月)。

④ Hyslop, MP (2003) Asymmetric Warfare, Proceedings International Conference on Politics and Information Systems: Technologies and Applications (PISTA '03), Orlando, Florida, USA. 31 July 2003-2 August 2003.

全球化发展的反对者们催生了阻碍性营销的出现。阻碍性营销的策略,与非对称战争十分相似,其目的是阻止公司走向全球化。[①]

过去25年,政治与经济格局的性质都发生了变化。因此,防御的性质也发生了变化。如果处于50年前的平行世界,这一章在英国可能被称为"疆域的防御",甚至可能要由英国陆军部[②]发行特别的说明手册。事实上,可能受到攻击或受损的只是一部分事物,而只有这部分需要保护或修复。因此,可以说,本书论述的"防御"是广义层面上的防御。但是,本书所提及的"防御"不同于以往的任何一种。

无论在当时还是现在看来,1939年波兰人都无法凭借战马来对抗德国人的坦克大军,妄图赢得战争的胜利。今天,世界西方和北方(主要指欧洲和北美,译者注)需要明白,在非对称战争中,要赢得一场现代战争,仅凭坦克或航空母舰是不现实的,在阻碍性营销的环境中也是如此。无论是否被广泛认同,欧洲和美国也参与了非对称战争。非对称战争是资源大国与资源小国之间的战争。这听起来像是常规的军事冲突,但非对称战争并非就是军事力量或国家之间的战斗,它更是基础设施之间的比拼之战。

对于关键基础设施,我们需要对其描述和分类。我们对关键基础设施列表中的部分术语非常熟悉。大多数人明白,人类为了保护自身安全,所以需要防汛;为了生存,所以需要食物和水;为了疾病能够得到有效控制,所以需要处理废水、污水以及卫生服务;为了日常出行,人类也离不开交通。再仔细一想,就会发现:为了维持我们的生活水平,金融、商业和工业机构也是必不可少的。社会的生活方式是由政治结构和政府服务决定的,一个稳定的社会能够给民众以安全感。因此,上述这些都是关键基础设施。我要再列两项——人力和教育、知识产权,这两项我们并不熟知,因为它们稍显复杂抽象。

然而,如果君主制、温布利球场、英国议会、纳尔逊纪念碑、英式下午茶、炸鱼薯条以及大宪章不复存在,那么显然,英国会变得羸弱而且变得"不像英国"。如果英国丧失世界领先的知识产权,例如,大学院校、一级方程式赛车和航空电子设备,那无疑它将显得更加软弱。美国"9·11"事件的深远影响,我们对此无须多言。可能还有其他领域应当添加到关键基础设施的列

---

① Hyslop,MP (1999) Obstructive Marketing,MSc Thesis,Huddersfield University.

② 1964年后其责任转交给了英国国防部。

表中,我想应当添加人力和教育、知识产权这两项。

从历史上看,人们对"关键基础设施"这个概念和实体都有直观的认识。传统意义上,关键基础设施应当为人们所见,像管道、库存或输电塔那样。但目前,我们列出的关键基础设施有一半是肉眼不可"见"的。因此,保护关键基础设施已经从防御肉眼所见的"事物"转变为防御无形的可以统称为"过程"的一切。就防御"事物"来说,我们对一些常见的防御工具非常熟悉,例如墙壁、围栏、警报器、诱饵、警察部队、军队、海军和空军。而为了防御"过程",我们可能需要同样的防御工具,但具体的使用方式却大相径庭。由此,我们需要了解当前语境下,我们怎样保护关键基础设施,无论它是显形的还是隐形的。

20 世纪 50 年代,关键基础设施有时被称为战略性国家资产。彼时,大多数战略性资产都是国有化的,并且通常有一个以此命名的政府部门来管理它们。今天,这些资产的很大一部分已经私有化了。要想打赢任何一场"战争",也要取决于公私合作的伙伴关系。迄今为止,除了美国,这种伙伴关系尚未被其他国家真正理解,而且公私之间的合作也不是正式的。无论政府怎么想,关键基础设施已不再是完全的"国家性质的"了。但是,关键基础设施对于维持人们正常的生活方式至关重要。现在,它们不仅处于受攻击的危险之中,而且部分脱离了社会的控制,从而引起了世人的普遍关注。公共部门和私营部门必须建立必要的合作关系,一同保护我们共同的未来。

今天,所有关键基础设施因为最重要的一个领域联系在了一起:电信和信息。多数时间人们没有发现,大部分人也没有意识到这一点,但电信和信息始终存在。电信是最脆弱的一环,也是最奇妙的创作。电信领域也是非对称战争和阻碍性营销运动的主要战场。

我们对于常见的保护关键基础设施的方式较为熟悉,例如保证其地理和物理的安全。其他的保护方式,例如提高治理和业务有效性,我们就比较陌生。今天,所谓的"过程"不单是由政府掌控的,它也掌握在各类合作伙伴的手中,这就产生了基于利益的伙伴合作关系。私营部门在管理和应对"过程"威胁方面拥有长期而丰富的经验。多数企业依靠"过程"的某一环节赖以生存。在管理、保护基础设施方面,私营部门与政府采用的方法截然不同。我们不仅需要关注如何保护关键信息基础设施,而且需要明白我们为什么要保护关键信息基础设施,以及理解这种保护方式不同于我们以往认知内的任何一种。2001—2003 年,Hyslop 认为非对称战争①的作战方法并不新奇。在世界大战期间以及之前几乎所有的战争中,人们都使用过这种方法。它具有全面战争的特征——充分利用不同的因素综合考虑——平衡、时机、精力和资源,以此来抵挡强大的军事敌人。

简单而言,当今世界一方面关注美国空袭及其盟友,另一方面又关注阿富汗和伊拉克反应。

然而,这可能只是持久战的起点。重要的是,了解非对称作战在基础设施方面的发展动向,以及西方和北方大国如何采取有效行动对抗这种非对称战争。

非对称战争,通常不是自发产生的,而是有计划地以军事或技术、犯罪或文化等形式隐蔽地进行的。关键信息基础设施既是非对称战争的目标,也是非对称战争的渠道。说它是目标,是因为它代表了主要经济大国主导的基础设施,因此那些试图破坏这些大国的群体,关键信息基础设施就成为其必然选择的打击目标。说它是渠道,是因为关键信息基础设施及附载的应用程序,特别是互联网和万维网,为非对称战斗人员提供了计划、沟通甚至为其执行非对称战争提供了途径和机会。特别是,他们会在通信时运用速记式加密技术。

1999 年,作者将阻碍性营销②定义为:

任何合法的或非法的,违背产品制造商、服务提供商或客户意愿,暂时或永久地阻止或限制产品或服务的分销的过程。

"任何……过程"指明了该问题的全球性,并承认地区不同,情况也不同。使用"合法的或非法的"一词,是因为在某个州合法的、被接受的事物并不意味着在另一个州也是合法的、被接受的。使用"阻止或限制"一词,是因为停止商品和服务的销售可以有绝对和相对之分。主要取决于试图阻碍他人营销行为的行为人的微妙意图。使用"产品或服务的分销"这一词组,是因为分销是营销效能的核心。使用"暂时或永久"一词,是因为随着时间流逝,国际关系的面貌不尽相同,进而影响商业、政治和国际关系。使用"产品制造商、服务提供商或客户"一词,是因为这三者是自由市场资本主义的参与者。作者在最初的定义中又添加"或客户"一词,是后来考虑的结果。由

---

① Hyslop, MP (2003) Obstructive Marketing, MSc Thesis, Huddersfield University.

② Hyslop, MP (1999) Obstructive Marketing, MSc Thesis, Huddersfield University.

于潜在的技术,客户同提供商一样可能被排除在外,这既符合逻辑又符合常识。特别是从营销角度来看,客户处于关键地位。了解阻碍性营销的经验和策略,对保护关键基础设施和开展公私合作伙伴关系十分必要。

了解关键基础设施与公私部门之间的关系也同样必要。关键基础设施应当是具有修复能力的,这样我们才能更好地保护关键基础设施。人们对"修复力"这个词,可能相对而言比较陌生。"修复力"是一个经常被误用的词语。特别是在灾难恢复的场景下,我们最容易误用这个词。传统关键基础设施的修复力需要用熟悉的术语来描述。这些术语包括配电冗余、燃料库存和食物。然而,这些传统的、熟悉的术语不再是这些基础设施的常规特征。

公用事业的私有化以及食物、燃料的"及时交付"运输系统意味着整个运作系统缺乏应对意外事件的"延展性"。更新及时却定义模糊的关键基础设施,特别是那些现在控制着生活的基础设施,例如电信和信息,人们运用颇为幼稚的方法提高其修复力和恢复力。探索电信与系统修复力、恢复力和安全性之间关系,以及了解非对称战争和阻碍性营销的战略重要性,将产生一系列需要解决的问题,由此我们也提出了一些解决方案。处理阻碍性营销的过程不仅为企业设定了安全方法,而且也凸显了私营部门对公私合作伙伴关系所做的贡献。

保护未来的关键基础设施,我们需要新方法来定义威胁。这种方法必须既要承认风险,又要能够管理风险。恐怖主义的威胁催生了各国出台反恐立法。然而,反恐立法却使原本寻求保护的人深受其害。人们只需在当今的美国或英国的机场走一走,就会明白这一说法的真实性。反对恐怖主义的立法通常代表着民主自由的丧失,这实际上是恐怖分子的胜利。如果没有反恐立法,那么有哪些替代方案?可选的方案有很多。例如,利用情报、空间规划、边境管制、经济措施来对付恐怖分子,修订国际条约定义恐怖主义工具,在飞机、火车和铁路上安装"嗅探器"以及坚持原本该有的生活方式。所有这些并不一定会使我们的生活方式严重恶化。

我们可以运用复杂的风险分析工具来预测这些措施的有效性,在公私合作伙伴关系的基础上,实施基于风险的关键基础设施保护方法。这需要与现有的多个同样目的的保护机构通力合作才能发挥作用。然而,最重要的是,人们需要改变态度。众所周知,在任何社会中,要改变人们对事物的固有态度是相当不容易的。我们非常有必要研究、了解基于风险的关键基础设施保护方法,以及它在恐怖主义带给我们生活的影响方面发挥怎么样的削弱作用。

英国剧作家乔治·萧伯纳有句名言:"理性的人让自己适应世界,非理性的人总是试图让世界适应自己。"因此,理性的人让自己适应世界所有的进步都取决于非理性之人。这就解释了为什么政府机构(多为理性之人)和企业家(多为非理性之人)之间的关系比较紧张。我们也更好地理解了,为什么政府在面临挑战时往往采取加紧控制这样的手段,而不是通过其他办法。这通常在问题理解的开始就产生分歧了。

这同样适用于武装部队。所有现任军官都是在某些军事玩具的陪伴下成长起来的。笔者撰写此书时,国家对航空母舰的需求仍然很大,至少英国是这样。这就像波兰人妄图通过订购更多、更强壮的马匹来打赢战争一样。航空母舰,特别是大型航空母舰,与现今的国防需求已经不再如从前那般密切。为了保护关键基础设施,我们有必要提出一些"非理性"的方法和建议。这些建议包括重塑国防部队,建立新型的公私合作伙伴关系。在这中间,我们也要思考身处其中的每个人在这个过程中可以做点什么。

在国际社会,保护关键基础设施的合作仍然是基于国家利益展开的。与此同时,国家利益却越来越难以界定。各式各样的社群不断涌现:一些是基于社会亲和力而产生的,一些是基于经济因素,另外一大部分是基于网上的共同爱好和兴趣而形成的。正确参与保护关键基础设施,还需要开拓新型国际合作方式。这在性质上必然是超越国家或领土范围的。显而易见,目前的国际机构似乎没有充分意识到有必要找到一种共同方案来应对这个问题。不同国家、地区管理关键基础设施的方法也因地而异。正如国家机构组织形式会发生变化,关键基础设施也会发生变化,进而国际机构的做法也会相应改变。这些变化要求北大西洋公约组织等类似组织一起规划新的合作关系,从而保护合作双方必需的资产和基础设施。

如果用一句话总结关键基础设施保护,那就是防御关键基础设施。防御的现代背景在于,承认非对称战争和阻碍性营销已在慢慢成为现实。这将有助于定义、描述关键基础设施,并对其进行分类。对于实体的基础设施的保护相对明显,但对于保护所谓的"过程"的基础设施而言,并没有那么明显。作为基础设施的防御机制,考虑地理到治理的问题都至关重要。在关键基础设施方面,公私部门之间的共生需求召唤新的伙伴关系。在探讨如何建立这种伙伴关系的议题中,风险管理是成功的关键。

　　共同方案中的风险管理揭示了共同实施的方式和内容。这个过程把变化确定为主要问题,有必要进一步参考各项变化。最后,我们应本着国防和人道主义的精神,提出保护关键基础设施的国际模式。一旦我们正确定义并完成这些工作,那么,关键基础设施将逐渐拥有快速修复的能力。

　　应当指出的是,这些建议在气候变化的时代背景下也很重要。为了有效地应对气候变化,我们需要建立类似的防御机制,以此来提高气候恢复所需的修复力。适当的恢复能力建设将有助于世界降低气候变化带来的负面影响。

　　本书的最后,主要是与关键信息基础设施相关的介绍性参考文献。

总而言之,本书以 OECD 为论述对象,以英国、美国和欧洲的几个中心国家为主要论述对象,用较为宽泛的术语探讨了 OECD 及其成员国的关键基础设施以及它们如何从受损的状态下恢复原貌。

由于 OECD 成员国对电信这一特定技术最为依赖,因此本书以 OECD 为论述对象。全球95%的数据流量来自 OECD 国家。[①] 这一数据不仅在统计学上意义深远,而且由此也定义了一种全新的生活方式。本书以关键信息基础设施为论述主题。现代社会,人们不可能预料即将面临的所有威胁和潜在挑战。但是,我们至少可以确定每个领域中的某些主要共同主题。因此,我们首先需要知道什么是关键基础设施,什么又是关键信息基础设施。对这两者的定义达成共识,本身就非常困难。本书集中描写美国、英国、澳大利亚和新西兰这几个国家的相关情况,其中一个原因是这些国家比 OECD 其他成员国更了解和清楚什么是关键基础设施。谈论这些国家的时候,我们至少拥有了观念上的共同起点。

Resilience 这个单词有多重含义。因此,从一开始就明确本书所论述的 Resilience 的含义就非常重要。Resilience[②] 一词,常见的定义如下。

◎ 修复力的一般定义

修复力,通常意味着从某些打击、凌辱或骚乱中恢复(或抵抗外界影响)的能力。在这种情况下,特别是指能够"反弹"到原始状态。

◎ 材料科学领域的弹性

材料科学领域的弹性(Resilience)定义为一种材料在弹性变形时吸收能

---

① 数据参见 http://www.oecd.org/oecddata http://news.netcraft.com。(访问时间:2007.1.6)
② 定义参见 http://en.wikipedia.org/wiki/Resilience。(访问时间:2007.1.6)

量的能力,然后在变形消除时恢复能量的性能。

◎ 生态学领域的恢复力

生态学的恢复力(Resilience)定义如下:在改变控制行为的变量和过程、改变其结构之前,系统吸收干扰因素或干扰量值之后,该系统返回到单个稳定或循环状态的速率。

◎ 心理学领域的复原力

心理学领域的复原力(Resilience)描述了人们应对压力和灾难的能力。

◎ 商业领域的修复力

商业领域的修复力(Resilience)是指机构、资源或业务方式能够承受业务中断、维持业务恢复和恢复其最低限度服务的能力。

◎ 修复力

修复力(Resiliency)一词来源于美国,经常用在灾难恢复和业务连续性领域。简言之,它最接近上文对"商业领域的修复力"的描述。然而,这词也指代修复力(Resilience)一词的美国版本。[①]

◎ 本书的修复力

本书的修复力(Resilience)是指世界的北方、西方以及资本主义社会能够承受包括电信基础设施在内的关键基础设施的冲击,而不改变其基本形式的能力。

我们需要对关键基础设施和关键信息基础设施采取统一的定义方式。Dunn 和 Wigert(2004)[②]为我们提供了统一的定义。因此,关键基础设施部门的定义如下:

部门失能或遭到破坏将对国家的安全、经济和社会福祉产生破坏性影

---

① 修复力,参见 http://www. resiliency. com。(访问时间:2007. 1. 6)

② Dunn,M and Wigert,I(2004)Critical Information Infrastructure Protection,The International CIIP Handbook 2004. Zurich,Switzerland. Centre for Security Studies. 参见 http://www. isn. ethz. ch/crn/publications/publications_crn. cfm? pubid = 224。(访问时间:2007. 1. 6)

响。但是,关键部门的定义,因国家而异。每个国家衡量关键的标准不同,且关键部门的定义随时间而变化。此外,其中某些基础设施自始至终都是至关重要的,某些则偶尔重要,而其他基础设施只有在另外的重要基础设施失效的情况下才会变得举足轻重。[①]

虽然这个定义似乎并没有给人立竿见影的明确效果,但 Dunn 和 Wigert (2004)[②]对关键基础设施定义的分析调查确实给了我们启发和帮助。因此,常见的关键基础设施部门(通用列表)如下:

- 金融;
- 食品供应;
- 健康;
- 政府服务;
- 法律与秩序;
- 制造业;
- 国家形象;
- 交通;
- 水;
- 废水。

本书建议增加另外两项关键基础设施:人力和教育、知识产权。理由不言而喻。

不同国家负责保护关键基础设施的部门各不相同。在美国,保护关键基础设施是国民警卫队的首要任务。然而,连续的任务变化导致国民警卫队具有双重任务:一是防御国土,二是支持常备军。[③] 在英国,国防义勇军的首要任务是保护家园。然而,持续的汇报表明,如今,国防义勇军越来越成为常规军队的一部分,他们支持常规部队完成任务[④]。仅这两例就表明,我们很难准确定位具体由谁负责关键基础设施的保护工作。其他国家,情况又不

---

① Dunn,M and Wigert,I (2004) Critical Information Infrastructure Protection,The International CIIP Handbook 2004. Zurich,Switzerland. Centre for Security Studies. p. 227.

② Dunn,M and Wigert,I (2004) Critical Information Infrastructure Protection,The International CIIP Handbook 2004. Zurich,Switzerland. Centre for Security Studies.

③ 辅助信息参见 http://www.csmonitor.com/2005/0902/p02s01-usmi.html。(访问时间:2007.1.6)

④ 辅助信息参见 www.mod.uk(访问时间:2007.1.6) and http://en.wikipedia.org/wiki/Territorial_Army。(访问时间:2007.1.6)

尽相同。然而,撰写本书的一大原因,是我越来越真切地感受到一点,那就是美国或英国没有明确而具体的部门全权负责关键基础设施的保护工作。

Dunn 和 Wigert(2004)[①]对关键信息基础设施的评价如下:

我们认为,CIP(关键基础设施保护)所涉及的范围比 CIIP(关键信息基础设施保护)涉及的范围更广,而 CIIP 只是 CIP 的基本组成部分。这两个概念的明显区别在于:CIP 牵涉一个国家基础设施的所有关键部门,而 CIIP 仅仅是全面保护工作的一个分支,因为它侧重于保护关键信息基础设施。至于哪些部门应该包含在 CI(关键基础设施)以下,哪些部门应该包含在 CII(关键信息基础设施)以下,这样的准确定义属于另外一个范畴的问题。一般而言,CII 是全球或国家信息基础设施的组成部分,是确保一个国家关键基础设施服务得以持续运转的不可或缺的要素。CII 在很大程度上,由信息和电信部门构成,但又并非仅仅包含信息和电信部门,还包括计算机或软件、互联网、卫星、光纤等组成部分。这个术语还被用来统称相互连接的计算机、网络以及在其上传送的关键信息流。

CII 保护之所以特别重要。主要有两点原因:第一,它们在经济部门中扮演着价值不可估量而且越来越重要的角色;第二,它们在基础设施部门与保证其他基础设施随时运转的基本要求之间扮演着连接渠道的角色。[②] 此外,还有若干种特性要求明确区分 CI 和 CII。首先,新兴信息基础设施的系统特点与传统体系(其中包括较早的信息基础设施)有着本质性区别,它们在规模、连接性和依赖性方面有别于后者[③]。这意味着需要用新的分析技术和方法来了解它们。其次,由于网络威胁在性质和破坏力方面发展非常迅速,因此,保护性措施必须在技术上不断改进,同时还不断需要新的方法。

除此之外,还有若干种"驱动器"可能会在未来使 CIIP 问题进一步恶化,这些因素包括市场力量、技术发展和新风险交融在一起所产生的影响。另一方面,各国正面临着信息服务全球化的动态过程,而这种全球化与技术创新结合在一起,会增加动态连接,导致产生让人无法理解的系统行为,同时

① Dunn, M and Wigert, I (2004) Critical Information Infrastructure Protection, The International CIIP Handbook 2004. Zurich, Switzerland. Centre for Security Studies.

② Wenger, A, Metzger, J and Dunn, M (2002) Critical Information Infrastrcuture Protection: Eine sicherheitpolitische Herausforderrung. In: Sillman, Kurt, R and Wenger, A (eds.). Bulletin zur Schweizeruschen Sicherheitspolitik. pp. 119 – 142.

③ Dunn, M and Wigert, I (2004) Critical Information Infrastructure Protection, The International CIIP Handbook 2004. Zurich, Switzerland. Centre for Security Studies.

还会产生尚未被人认识到的脆弱性。

这种评价维系着这样一个事实：安全从来都不是设计的驱动器。由于减少入市时机的压力很大，计算机和网络脆弱性的进一步爆发是完全可以预料的[1]。因此，我们要正视基础设施本身不稳定、关键点运转失灵和相互依赖性日趋严重的潜在可能性。此外，会有越来越多的关键基础设施归属于私营部门，甚至掌握在其他国家手中。

这种"前瞻性"观点清楚表明了从概念上区分 CIP 和 CIIP 的必要性。然而，对于这二者，不能也不应该完全割裂开来分别讨论。如上文所述，CIIP 是 CIP 的一个基本组成部分。仅仅注重于网络威胁而忽视重要的传统物理威胁，与忽视虚拟空间一样危险——我们所需要做的，是以明智的方式处理着两个相互关联的概念。

Dunn 和 Wigert(2004)[2]指出，瑞士联邦理工学院(苏黎世)开发的《国际关键信息基础设施保护手册》享有盛誉。该手册是研究关键基础设施和关键信息基础设施的少数权威资源。但是，通过对手册的研究证实，我们发现该手册仍然存有对这些术语的定义问题。他们认为关键基础设施兼具全球性和国家性，因此关键信息基础设施也是如此。

关键基础设施，或者更小范围的关键信息基础设施，通常认为是反对国家模型的。然而，关键基础设施本质上是具有国家特征的，信息基础设施（特别是互联网和万维网）本质上是国际性的（更适合无边界）。他们的手册叫作《国际关键信息基础设施保护手册》，这表明该书将信息基础设施摆在了首要地位。

另外，一旦恐怖袭击发生，控制不同类型的基础设施将变得更加困难。特别对于媒体而言，它们看到恐怖分子对关键基础设施的实际攻击之后将直言不讳。例如，英国由此导致了非常令人失望的政治反应。国家信息安全协调中心(NISCC)2007 年被归入关键国家基础设施机构，从而剥夺了英国及其盟国在信息基础设施跨境管理方面的潜在领导地位。这与如今人们持有的"关键信息基础设施优于关键基础设施"的观点背道而驰。

焦点在于，关键基础设施在性质上仍然是国家性的，而关键信息基础设

---

① Naf, Michael(2001) Ubiquitous Insecurity: How to 'Hack' IT Systems. In: Wenger, Andreas(ed). The Internet and the Changing Face of International Relations and Security: An International Journal, Vol. 7, pp. 104 – 118.

② Dunn, M and Wigert, I (2004) Critical Information Infrastructure Protection, The International CIIP Handbook 2004. Zurich, Switzerland. Centre for Security Studies.

施在性质上越来越无国界。

当然,这种比较是在一系列假设条件的基础之上的:

- 民族、国家或类似国家的持续相关性;
- 资本主义或类似国家制度的持续相关性;
- 民主或类似的国家政体的持续相关性;
- 维持"绿色"议程或类似议程的持续相关性;
- 技术进步或类似领域的持续相关性。

这些假设被视为"前提项"。每项都有各自的评论,但本书并不针对这些主题进行讨论。

虽然社会本身没有考虑其存在的原因,但有必要在这个前提下了解修复力的重要性。不管怀疑也好,还是其他,我们不得不承认,我们的社会是基于某些原则建立起来的。在享乐主义年代,这些原则变得模糊又困惑。然而,社会的根源是某种信念。我们有必要重新恢复它们,因为这是修复力之所以重要的根源。信念将从整体上定义整个社会。

由于美国在 OECD 内部的主导地位,我们对生活方式的合理期待,可能类似于《美国独立宣言》:

"在人类事务发展的过程中,当一个民族必须解除同另一个民族的联系,并按照自然法则和上帝的旨意,以独立平等的身份立于世界各国之林时,出于对人类舆论的尊重,必须将驱使他们独立的原因予以宣布。

我们认为下述真理不言而喻:人人生而平等,造物主赋予他们若干不可让与的权利,其中包括生存权、自由权和追求幸福的权利。为了保障这些权利,人类才在他们中间建立政府,而政府的正当权利,则是经被统治者同意授予的。任何形式的政府一旦对这些目标的实现起破坏作用时,人民便有权予以更换或废除,建立一个新的政府。新政府所依据的原则和组织其权利的方式,务使人民认为唯有这样才最有可能使他们获得安全和幸福。"①

至少在理论上,美国政府(和其他政府)必须对其公民负责。随着时间的推移,这部分的责任变为政府运用各种基础设施建设来保障公民各项权利,确保公民的生命、自由和幸福。保护基础设施的目的旨在确保人民幸福的重要性更无须多言。因此,基础设施的修复力非常重要。美国宪法更明确地阐述了这一立场:

---

① 《美国独立宣言》参见 http://www.ushistory.org/ declaration。(访问时间:2007.1.6)

"我们合众国人民,为建立更完善的联盟,树立正义,保障国内安宁,提供共同防务,促进公共福利,并使我们自己和后代享有自由的幸福,特为美利坚合众国制定本宪法。"

以宪法的主要修正案为代表的《美国权利法案》:

修正案:

第一修正案——言论自由、出版自由、宗教自由、和平集会以及向政府请愿的权利。国会不得制定有关下列事项的法律:确立国教或禁止信仰自由;剥夺言论自由或出版自由;或剥夺人民和平集会和向政府请愿、抗议的权利。

第二修正案——人民有持有携带武器的自由,国家拥有民兵队伍。纪律良好的民兵队伍,对于一个自由国家的安全实属必要;故,人民持有和携带武器的权利,不得予以侵犯。

第三修正案——防止部队进驻营区。任何兵士,在和平时期,未得屋主的许可,不得驻扎民房;即使战时也不允许,除非法律明定。

第四修正案——防止不合理的搜查和扣押。人人具有保障人身、住所、文件及财物的安全,不受无理之搜查和扣押的权利;此项权利,不得侵犯;除依照相当理由,加上宣誓或誓愿保证,并具体指明必须搜索的地点、必须拘捕的人,或必须扣押的物品,否则一概不得发出搜查票和扣押状。

第五修正案——正当程序、双重危险、自证其罪、私有财产。无论何人,非经大陪审团的陈诉或起诉书,不受判处死刑或褫夺公权之罪;惟于战争或社会动乱时期中,正在服役的陆海军或民兵发生的案件,不在此限。任何人不因同一罪行而遭受两次生命或身体的危害;不得在任何刑事案件中被迫自证其罪;非经正当程序,不得被剥夺生命、自由或财产。人民私有产业,如无合理赔偿,不得被征为公用。

第六修正案——陪审团审判和被告的其他权利。所有刑事案中,被告人应有权提出下列要求:要求由罪案发生地之州或区的公正的陪审团予以迅速及公开之审判,并由法律确定其应属何区;要求获悉被控的罪名和理由;要求与原告或证人对质;要求以强制手段促使对被告有利的证人出庭作证;并要求由律师协助辩护。

第七修正案——陪审团民事审判。在普通法的民事诉讼中,其争执价值超过20美元,由陪审团审判的权利应受到保护。由陪审团裁决的事实,合众国的任何法院除按照普通法规则允许外,不得重新审查。

第八修正案——禁止过度保释,以及残忍和不寻常的惩罚。不得要求过重的保释金,不得课以过高的罚教,不得施予残酷的、逾常的刑罚。

第九修正案——保护"权利法案"中没有具体列举的权利。本宪法对某些权利的列举,不得被解释为否定或忽视由人民保留的其他权利。

第十修正案——国家和人民的权利。本宪法未授予联邦、也未禁止各州行使的权力,保留给各州行使,或保留给人民行使之。[①]

这部宪法明确阐释了美国社会建立的基础。由此,美国需要捍卫的内容也确定下来了,即围绕《美国独立宣言》和宪法建立的基础设施是美国需要捍卫的具体内容。在本书的后面部分,笔者将对关键信息基础设施的全球性进行论述。我们需要记住的是,太空和互联网相关的大多数关键信息基础设施都掌握在美国手中。

我们或许也可以在这里添加《十诫》。虽然美国基督教教权日渐崛起,基督教在OECD各国占据重要地位,但它似乎与现代资本主义国家没什么关系——事实上,宗教可以看作是现代资本主义国家的对立面,这已成为OECD的一个关键问题。话虽如此,教会在捍卫美国、英国的个人良知方面继续做着不可磨灭的贡献。

美国的例子是一种简化了的方法,但它也是一种模型。尤其是基本上所有OECD国家都以各种形式赞同上述这些"理想"。

定义我们生活方式的另一种形式是资本主义。

"资本主义"这一术语最初是用来描述十七八世纪荷兰和英国在没有意识形态基础的私人投资以及政府控制很少的情况下形成的工业体系。"资本家"是在特定商业投资中投入资金(或资本)的个体。在美国,像哈耶克(Hayek)、弗里德曼(Friedman)和艾恩兰德(Ayn Rand)这样才华横溢的思想家,已经将此作为一种意识形态大肆宣扬。在实践中,许多现代西方经济体其实是在政府的大力支持和财政补贴下发展起来的。[②]

OECD的第三个统一元素显然是技术,特别是信息技术。在OECD内部,生活的安排、商品的买卖、货币的转移、信息的交换、互联网的使用等此类活动,比任何其他国家集团更为普遍。2007年大多数数据信息流量产生于OECD国家。而且,OECD国家内储存于电子设备的数据信息比其他国家多得多。

---

① 美国宪法参见 http://usconstituion.net。(访问时间:2007.1.6)
② 定义参见 http://academic.brooklyn.cuny.edu/history/virtual/glossary.htm。(访问时间:2007.1.6)

由于 OECD 内部有三个统一化的因素,所以才有了本书对修复力的研究。第一个统一化因素是广泛共同的政治和社会理想,第二个是共同的经济方法,第三个是共同的技术。这就是关键基础设施和关键信息基础设施所支持的三个方面,也是它们需要保护的原因。三个领域中,每个领域的修复力都至关重要。

这些基础设施的所有权已经从 20 世纪 50 年代主要由政府公有转变为 50 年后公私更加分明的状态。如果我们查看英国的关键基础设施列表,我们可以非常直观地看到,英国基础设施所有权在 50 年内的变化,如表 1 所示。

表 1　英国基础设施所有权

基础设施	1957 年	2007 年	评论
通信	邮政总局运营英国的邮政和电信	英国电信和其他公司运营电信;皇家邮政现已私有化	所有权从公有转变为私有
紧急服务	警察、消防、救护车	警察、消防、救护车	所有权仍属公有,但很多是私营提供者
能源	几乎公有,国家花巨资投资英国石油这样的公司	几乎全部私有	所有权从公有转变为私有
金融	英格兰国有银行,当地国家银行	独立的英格兰银行,国际私有银行	所有权从公有转变为私有
食品	国家政策指导粮食生产	国家政策不指导粮食产量	所有权从一些公有转变为通常私有
政府和公共服务	公有	公有兼半官方①、代理机构、一些私有提供者	不同于其他部门所有权从公有转变为私有,反而再增长。例如,现在一位军人 + 一位公务员(见表 2)
公共安全	政府部门	政府代理机构	从中央转为半官方
健康	公有	公有/私有	所有权从公有转为私有
运输	大部分公有	大部分私有	所有权从公有转为私有
水	公有	私有	所有权从公有转为私有

---

① 半官方机构是一个类似自治的非政府组织。它们通过政府资助履行政府职能,但不在正规的公务员队伍之内。因此,政府部门的真实规模经常被掩盖。

保卫关键基础设施的能力也发生了变化。简单而言如下：

表 2　英国基础设施防御

国防部队	1957[①]	2006[②]	评论
陆军	超过 69 万人	11 万人	总体规模不到 1/3
空军	—	4.7 万人	
海军	—	3.9 万人	—
警察	不到 8 万人	13 万人	—
英国公务员人数	不到 30 万人，其中近 5 万人供职于国防或从事相关活动	57 万人（不包括半官方机构）其中，10 万人（如果包括代理机构，则超过 20 万人）供职于国防部或从事相关活动	规模扩大 1 倍以上，现在每位军人都是 1 名公务员或半官方机构/机构员工

可以说，英国拥有更为复杂的国际和国家基础设施。如今基础设施在公共和私营部门都有存在，而涉及的操作人员只有 1957 年不到一半的人数，但要管理的人数却是之前的 2 倍之多。表面上看，这似乎是与发展需求背道而驰。与此同时，关键基础设施涉及的人员、内容和地域的定义却越来越模糊，而不是越来越清晰。

这不单是英国单个国家面临的问题，而是整个 OECD 国家都将面临的趋势。认为社会不会改变这个想法很天真。社会一直在改变。一般来说，可以假设国家领导人希望社会改变，运用各项手段，所以社会发生相应变化。战争，即是为了维持领导人事先已经同意的政治立场所进行的手段。毕竟，战争是政治的延伸，只是运用了比较特殊的方式。[③] 但是，如果社会在没有领导人同意的情况下开始改变，会发生什么呢？这可能就是关键信息基础设施需要关注的问题。社会经常在没有人民同意的情况下发生变化，尽管"无代表，不纳税"意味着很少改变可以在没有领导的同意下进行。没有领导者或人民的共同意愿，社会的修复力会怎么样？如果社会"梦游"到

---

① 数据来源：http://www.citizenshippast.org.uk。（访问时间：2007.1.6）

② 数据来源：http:///www.dasa.mod.uk/natstats/tsp1/gender.html。（访问时间：2007.1.6）以及 http://www.police999.com/ukinfo/figures06.html and http://www.civilservice.gov.uk/management/statistics/publications/xls/pses_q4_2005.xls。（访问时间：2007.1.6）

③ Clausewitz,Karl von（1833）'On War'—各种版本参见 http://www.amazon.com。（访问时间：2007.1.6）

可能需要或不想要的某种形式的革命,又会发生什么?如今 OECD 的领导人是否会同意成为普遍渗透的信息技术社会的一员,而这种信息技术将会对所有公民的生活产生哪些影响?当然,这可能有点言过其实了,但如果这是一场政治革命,而不是技术革命,那么领导层的看法又将有什么不同?事实上,基础设施现在已经存在,它已经深深扎根,只是人们对它没有什么了解。进而可以说,想到要保护它的人少之又少。

正如引言所述,自 2000 年以来,马斯洛的需求层次基本上已经发生了改变,我们需要向其添加计算机、信息技术和电信基础设施这三个项目。现在,对我们的生活来说,它们普遍存在。这些领域的修复力将是本书的一大特色。一言以蔽之,计算机、信息技术和电信基础设施这三者非常重要。因此,我们专门用一个术语来描述这三者的集合——关键信息基础设施。对于国家和企业来说,如今保护关键信息基础设施可能是当务之急。因为任何其他组织都依赖于某些信息来取得成功。正如我们所有人或多或少都会涉及关键信息基础设施,这确实意味着真正意义上的所有人。

显然,本书以特定的方式着眼于修复力主题,但同样借鉴了所有常见定义来帮助阐述。一个社会要具有修复力,它必须能吸收能量,必须能返回或改变到另一个可接受的稳定状态,它必须能应对压力和灾难,必须承受住业务中断、修复并恢复运营,并且必须能够"反弹"回去。要做到这一点,我们必须了解什么是修复力,什么是关键基础设施,以及怎样保护关键基础设施?再有,也应了解社会是什么以及它所支持的价值观是什么?建立一个具备强健修复力的社会不能忽略上述问题。

第三章
关键基础设施和关键信息基础设施:按地理分类

本章对于关键基础设施和关键信息基础设施的评论是基于不同地理进行分类的。这样做是为了了解不同国家存在的问题,从而从整体上把握其重要性。我们主要讨论英国、美国、澳大利亚和新西兰。另外,欧洲一些国家也有所展开。原因显而易见,在任何文献史料中,这些国家均是该领域的领导者。美国朗讯公司的吉姆·肯尼迪(Jim Kennedy)博士对此有如下评论。

对经济和最低限度的政府运作至关重要的是某些关键基础设施。确保这些关键基础设施的连续性和安全性始终是美国的政策。这类关键基础设施包括必要的政府服务、公共卫生、执法、应急服务、信息和通信、银行业和金融业、能源、交通和供水。所以,即使在"9·11"事件之前,美国政府的行政部门也已有这方面的政策。1998年5月22日美国总统通过第63号总统令,下令加强国防。此项总统令专门针对美国新出现的非常规威胁,包括涉及恐怖主义、大规模杀伤性武器、对重要基础设施进行攻击的行为以及网络攻击行为。

但是,我们当中有多少人真正明白这是一项极其艰巨的事业呢?美国的关键基础设施是什么?举例来说,其主要有:

- 3000多个政府设施;
- 7569家医院;
- 电信:20亿英里(32亿千米)的电缆;1000多个电话交换中心;
- 能源:2800座电厂;30万个石油和天然气生产基地;104座核电站;
- 交通:5000个公共机场;50万座公路桥梁;200万英里(320万千米)的管道;300个沿海港口;500个主要城市公共交通运营商;
- 4893家银行或储蓄机构,其拥有超过1000亿美元的资产;
- 6.6万个化学和有害物质生产工厂;

- 7.5 万个水坝;
- 每年有 22616500 个援助呼叫,51450 个消防局对此响应。

美国公司和普通百姓每天都要依赖上述某种设施维持生活。我们依赖于它们的运营效率和连续性。

最初,确保关键基础设施基本上是州和地方的责任。随着信息技术的大量使用以及越来越频繁的相互依赖,保护关键基础设施已成为整个国家关注的问题。显而易见,这对保卫美国国土和经济安全影响重大。

然而,虽然我们需要关注关键基础设施,但仍有 1/3 的关键基础设施没有连续性运作或者缺乏运营计划的连续性,并且 3/5 有连续性运营计划的经营者从未测试过他们的计划是否"切实可行"。①

显然,保护关键基础设施和关键信息基础设施是美国的一个重要议题。关键信息基础设施或关键基础设施是:当今世界,许多国家将关键信息基础设作为国家安全的重要组成部分,自 2001 年"9·11"事件以来,关键信息基础设施在美国已日益成为反恐和国土安全争论的核心。关键基础设施,通常是一种基础设施或者一种资产,它的瘫痪会对一个国家的安全、经济和社会福祉产生灾难性影响。②

在美国,关于关键基础设施和关键信息基础设施的重要倡议和政策如下:

关键基础设施保护行政命令

根据宪法和美利坚合众国法律赋予我作为总统的权力,为确保在信息时代关键基础设施的信息系统得到保护,包括应急准备通信,以及支持此类系统的有形资产,我特此命令如下:

第一节:政策。

1. 信息技术革命改变了商业运营方式、政府运作方式和国防模式。如今这三大运作模式依赖于相互依赖的关键信息基础设施网络。该法令的保护计划应对关键基础设施信息系统保护作出持续努力,包括应急准备通信以及支持此类系统的有形资产。保护这些系统对于电信、能源、金融服务、制造业、水、交通、医疗保健和应急服务部门意义重大。

---

① 参见 http://www.continuitycentral.com/feature0413.html。(访问日期:2007.1.6)

② Dunn,M and Wigert,I (2004) Critical Information Infrastructure Protection,The International CIIP Handbook 2004. Zurich,Switzerland. Centre for Security Studies.

2. 美国颁布政策用以防止破坏关键基础设施信息系统运行的行为，从而保护民众、美国经济、必需的人力和政府服务以及国家的安全，确保突发事件发生频率低、易于管理、持续时间短，且尽可能降低可能造成的损害。本政策的实施应包括企业、非政府组织自愿达成的公私合作伙伴关系。

第二节：范围。

为落实这一政策，应设立高级行政部门委员会，以协调、审理与保护信息系统相关的联邦工作和计划，内容涉及：

1. 与私营部门的关键基础设施的合作与保护，与州和地方政府的关键基础设施的合作与保护，以及支持企业、学术组织的合作项目；

2. 保护联邦部门、机构和关键基础设施；

3. 相关的国家安全项目。

第三节：设立。

我据此设立"总统关键基础设施保护理事会"（以下简称理事会）。

第四节：永久性机构。

本法令不会更改美国政府部门、机构的现有的权力或角色。根据美国法典第 35 章第 44 节和其他适用法律规定，高级官员负有维护联邦政府信息系统安全的责任。

1. 行政部门信息系统安全。除了本命令第四节第 2 条所述的情况外，管理和预算办公室（OMB）主任负责制定并监督政府范围内支持行政部门、机构的信息系统安全政策、原则、标准和指南的实施。根据本节所示，当行政部门本部门范围内的安全措施严重不足时，OMB 主任应向总统和相应的部门或机构负责人提出建议。理事会应在职能范围内协助和支持 OMB 主任，并应适度审查与部门、机构信息系统安全相关的项目。

2. 国家安全信息系统。国防部长和中央情报局局长应在各自职权范围内制定、监督并确保提供运营支持的信息系统安全的政策、原则、标准和指南。在与总统国家安全事务助理和受影响的部门、机构协商后，国防部长和中情局应制定国家信息系统安全的政策、原则、标准和指南，以支持其他涉及国家安全信息的行政部门、机构的运作。

（1）根据本细则制定的政策、原则、标准和保护指南可能要比第四节第 1 条的制定要求更为严格。

（2）本节范围内的部门或机构的安全措施严重不足时，总统国家安全事务助理应通知总统和相应的部门或机构负责人。理事会或其常设委员会或专门委员会应适度审查涉及支持国家安全信息系统安全性和连续性的项目。

3. 附加职责：行政部门、机构的负责人。行政部门、机构的领导人负责为其控制下的项目提供、维护必要的信息系统安全级别，包括应急准备通信系统。上述部门、机构负责人应确保拥有可用的拨款和资金充分支持这些计划的发展和落实。在政府信息系统中，尤其是涉及国家安全和其他基本政府项目的关键系统，应当建立性价比高的安全措施，使其成为不可分割的一部分。此外，安全性应当能够保证而不是阻碍部门、机构的业务运行。

第五节：理事会职责。

根据本法令第四节所述，理事会应建言献策并协调保护关键基础设施信息系统的项目，包括应急准备通信以及支持此类系统的有形资产。履行这些职责的活动时，理事会应：

1. 与私营部门、州和地方政府进行外联活动。

（1）在与受影响的行政部门、机构协商后，协调与包括公司在内的私营部门和政府的关系。此类私营公司拥有保护关键基础设施的信息系统的运营、开发、装备信息，以及电信、交通、能源、水、医疗保健和金融服务，也包括应急准备通信，以及支持此类系统的有形资产；

（2）协调与州和地方政府以及社区、学术界代表及其他相关社会代表的联系；

（3）如有要求，根据美国法典第7章第15节协助制定自愿标准和最佳实践；

（4）在法律允许的范围内，咨询可能受影响的社区，包括法律、审计、财务和保险业，确定共同关注的领域；

（5）协调由司法、能源、商务、运输、财政、卫生和公众服务各部长以及联邦紧急事务管理局局长任命的高级联络官，以便与私营部门就这些部门、机构关注领域内的关键基础设施保护问题进行外联活动。在上述和其他相关职能范围内，理事会应与关键基础设施保障办公室（CIAO）、商业部国家标准与技术研究所、国家基础设施保护中心（NIPC）和国家通信系统（NCS）协同工作。

2. 信息共享。同行业、州和地方政府以及非政府组织进行合作，确保系统顺利创建并管理得当，以便在政府网络运营中心、行业自愿建立的信息共享和分析中心以及其他相关的运营中心之间，共享威胁警告，分析、恢复信息。在本职能及其他相关职能范围内,理事会应与 NCS、联邦计算机事件响应中心、NIPC 以及其他部门、机构协调合作。

3. 事件协调与危机应对。协调应对信息系统安全事件的项目和政策,这些事件威胁到关键基础设施的信息系统,包括应急准备通信,以及支持此类系统的有形资产。在本项职责范围内,司法部通过 NIPC 和国家通信系统的管理以及其他部门、机构,酌情与理事会协调工作。

4. 招聘、保留和培训行政部门安全专业人员。与行政部门、机构协商和协调项目,经过适当的培训和评估,确保政府雇员对保护关键基础设施的信息系统尽到职责,包括应急准备通信支持此类系统的有形资产。在本项职责范围内,人员管理办公室应酌情与理事会协调工作。

5. 研究与开发。与科学技术政策办公室主任(OSTP)协调联邦政府研究与开发项目,以保护关键基础设施的信息系统,包括应急准备通信,以及支持此类系统的有形资产;确保与公司、大学、联邦资助的研究中心和国家实验室协调该领域的政府活动。在本项职责范围内,理事会应酌情与国家科学基金会、国防高级研究计划局以及其他部门、机构协调工作。

6. 执法部门与国家安全部门协调。推动打击网络犯罪的项目,帮助联邦执法机构获得行政部门、机构的必要合作。支持联邦执法机构,调查涉及关键基础设施信息系统的非法活动,包括应急准备通信,以及支持此类系统的有形资产;并支持这些机构与负责保护国家的其他部门、机构进行协调安全工作。在本项职责范围内,理事会应通过 NIPC 与司法部协同合作;通过特工处与财政部协同合作,以及酌情与其他部门、机构协调工作。

7. 国际信息基础设施保护。支持国家部门协调美国政府运营的涵盖国际信息基础设施保护的国际合作项目。

8. 立法。根据美国政府管理预算局(OMB)A - 19 的通告,向各部门、机构、OMB 主任和总统法律事务助理提供有关保护关键基础设施信息系统的立法建议,包括应急准备通信以及实际支持此类系统的有形资产。

9. 与国土安全办公室协调。执行 2001 年 10 月 8 日第 13228 号行政命令赋予国土安全办公室的有关职能,负责关键基础设施(包括应急准备通信)信息系统的保护和恢复。总统国土安全助理与总统国家安全事务助理协调,负责确定委员会在协调、保护、支持信息系统有形资产方面的责任。

第六节:会员。

1. 理事会成员应来自下列行政部门、机构和办公室。此外,相关的联邦部门、机构可以适当参与委员会的活动。委员会由总统指定的主席和副主席领导。其他成员应为下列高级官员或其指定人员：

(1)国务卿；

(2)财政部部长；

(3)国防部部长；

(4)司法部部长；

(5)商务部部长；

(6)卫生与公众服务部部长；

(7)交通部部长；

(8)能源部部长；

(9)中央情报局局长；

(10)参谋长联席会议主席；

(11)联邦紧急事务管理局局长；

(12)总务管理局局长；

(13)管理和预算办公室主任；

(14)科学技术政策办公室主任；

(15)副总统参谋长；

(16)国家经济委员会主任；

(17)总统国家安全事务助理；

(18)总统国土安全助理；

(19)总统参谋长；

(20)总统指定的其他行政部门官员。

理事会成员及其指定人员应为联邦政府全职或永久兼职官员或雇员。

2. 此外,下列官员应担任理事会成员,并组成理事会协调委员会：

(21)商务部关键基础设施保障办公室主任；

(22)国家通信系统主任；

(23)首席信息官(CIO)理事会副主席；

(24)国家安全局信息保障主任；

(25)中央情报局负责社区管理事务副局长；

(26)司法部联邦调查局国家基础设施保护中心主任。

3. 联邦通信委员会主席可任命一位董事会代表。

第七节:主席。

1. 主席还应担任总统的网络空间安全特别顾问。行政部门、机构应尽一切合理努力保障主席及时了解动态,并在法律允许的最大范围内,充分了解理事会职权范围内的所有项目和问题。主席在与理事会协商之后,应召集并主持理事会会议并设置理事会议程。主席在与理事会协商之后,可向相关官员提出政策和计划,确保保护国家关键基础设施的信息系统,包括应急准备通信,以及支持此类系统的有形资产。

为确保国家安全委员会(NSC)和国土安全办公室的职责得到充分协调,主席应向总统国家安全事务助理和总统国土安全助理汇报工作。主席应与总统经济政策助理就私营部门系统和经济影响问题进行协调,并与美国政府管理预算局(OMB)主任就该法令第四节第1条所涉及的预算和计算机网络安全问题进行协调。

2. 主席应当得到白宫办公室适当规模工作人员的帮助。此外,在法律允许的范围内,行政部门、机构的负责人应在主席的要求之下,在总统参谋长的批准后,向委员会的工作人员详细说明或指派这些部门、机构的人员。负责国家安全信息系统、通信和信息战的理事会成员,可以就这些职责根据总统国家安全事务助理的指示履行职责。

第八节:常务委员会。

1. 委员会可酌情设立常务委员会和专门委员会。常务委员会的代表不限于理事会的部门、机构,可以包括其他相关行政部门、机构的代表。

2. 常务委员会和专门委员会主席应充分并定期向理事会报告委员会的活动,这将确保委员会相互协调。

3. 已经建立了以下常务委员会:

(27)私营部门、州和地方政府外联,由商务部长的指定人员担任主席,与国家经济委员会主席的指定人员协调工作;

(28)行政部门信息系统安全部门,由美国政府管理预算局主任指定人员担任主席。委员会应协助政府管理预算局,履行其美国法典第35章第15条规定的职责以及其他适用法律;

(29)国家安全系统。由国家发展研究院(NSD)建立并由国防部主持的国家安全电信和信息系统安全委员会,应作为理事会的常务委员会,并重新指定为国家安全系统委员会;

(30)事件响应协调,由司法部部长和国防部部长的联合主席共同主持;

（31）研究与开发，由科学技术政策局主任的指定人员担任主席；

（32）国家安全和应急准备通信。国家通信系统委员会更名为国家安全和应急准备理事委员会。以上为常务委员会建立的报告职能是对1984年4月3日第12472号行政命令中规定的职能的补充，并不改变其中规定的任何职能或作用；

（33）物理安全由国防部部长和司法部部长的指定人员共同主持，协调各项计划，确保关键基础设施信息系统的物理安全，包括应急准备通信，以及支持此类系统的有形资产。常务委员会应与国土安全办公室协调工作，并与记录访问和信息安全政策协调委员会的物理安全工作组密切合作，确保协调工作；

（34）基础设施相互依存，由运输和能源部长的指定人员共同主持，协调各项计划，评估与关键基础设施信息系统相互依赖相关的独特风险、威胁和脆弱性，包括开发有效模型、模拟情景，以及该领域的其他分析工具和性价比高的技术；

（35）由国务卿的指定人员担任国际事务主席，支持美国国务院的协调。国际合作的政府项目涵盖了国际信息基础设施问题；

（36）财政部部长的指定人员担任金融和银行信息基础设施主席，包括银行和金融机构监管机构的代表；

（37）其他委员会。理事会可能设立的其他常务委员会。

4. 小组委员会。每个常务委员会的主席如有必要可以组建小组委员会，由主席确定组织代表名单。

5. 精简化。理事会应制定程序，明确其自身或下属委员会履行先前分配给政策协调委员会的职责。理事会与科学技术政策局主任协调，应审查根据1984年4月3日第12472号行政命令设立的联合电信资源委员会的职能，并就其未来的角色提出建议。

第九节：规划和预算。

1. 理事会应定期提出国家计划或其职权范围内的计划。理事会与国土安全办公室合作，在审查相关计划要求和资源后，还应向美国政府管理预算局就行政部门、机构预算中属于理事会职权范围的部分提出建议。

2. 总统执行办公室以下的行政办公室应在法律允许的范围内，并在可获得拨款的情况下，按照参谋长的指示，应当向执行局提供例如人员、资金和行政方面的资助，以执行本法令的规定。只有那些根据2001年10月8日第13228号行政命令建立的国土安全办公室的资金才能用于此类目的。在法律允许的范围内,理事会中机构代表也可以酌情为理事会提供行政支持。国家安全局应确保理事会的信息和通信系统得到适当保护。

3. 理事会可以根据1981年4月12日第12333号行政命令中的规定,每年要求国家科学基金会、能源部、运输部、环境保护局、商务部、国防部和情报部门在申请联邦行政管理与预算局(OMB)预算时包含示范项目与研究资金,以支持理事会活动。

第十节:总统顾问小组。

主席应与政府之外为总统提供建议的资深专家组进行密切合作,特别同经修正的1982年9月13日第12382号行政命令设立的总统国家安全电信咨询委员会(NSTAC),以及由本行政命令创建的国家基础设施咨询委员会(NIAC)进行合作。这两个小组的主席和副主席也可酌情,并在法律允许的范围内与理事会举行会议,以贡献私营部门的见解和看法。

1. 国家安全电信咨询委员会。NSTAC会向总统提供有关国家安全和应急准备所必需的通信系统的安全性和连续性的建议。

2. 国家基础设施咨询委员会。NIAC特此设立,该委员会应向总统提供关于支持经济及其他部门的关键信息基础设施系统安全的建议,包括银行业、金融业、交通业、能源业、制造业和应急政府服务。NIAC总统任命的成员不应超过30名。NIAC成员应选自私营部门、学术界、州和地方政府,应具有与NIAC职能相关的专门知识,一般应从行业首席执行官(和其他组织中地位相当的领导者)中选出,并负责为重要的经济部门提供信息基础设施的安全保障,包括银行业和金融业、交通运输业、能源业、通信业和应急政府服务。其成员不应是专职官员或联邦政府行政部门的雇员。

(38)总统应从成员中指定NIAC会主席和副主席;

(39)根据本法令设立的理事会主席将担任NIAC的执行董事。

3. NIAC职能。NIAC会将定期召开会议:

(1)加强公私部门之间的合作,保护关键信息基础设施系统,并酌情向总统汇报相关内容;

(2)提出并制定方案,以鼓励私营企业定期执行关键信息和电信系统风险评估;

(3)监督私营部门信息共享和分析中心(ISACs)的发展,并向理事会提供建议,说明这些组织如何能够最好地促进信息共享和分析中心、国家基础设施保护中心与其他联邦政府实体之间的改进合作；

（4）通过理事会向总统汇报，确保本法令规定的职责。与总统经济政策助理适当协作；并

（5）向负有关键基础设施职责的牵头机构、行业协调员、国家基础设施保护中心、信息共享和分析中心以及理事会提供咨询。

4. NIAC 的管理。

（6）NIAC 可酌情举行听证会，进行调查，并设立小组委员会；

（7）根据主席的要求，并在法律允许的范围内，行政部门、机构的负责人应向理事会提供与其职能有关的信息和建议；

（8）高级联邦政府官员可酌情参加 NIAC 会议；

（9）理事会工作成员不应取得报酬。但是，参照为联邦政府提供不定期服务人员的有关规定，成员可报销差旅费，包括代替生活费的生活津贴；

（10）在法律允许的范围内，并在可获得拨款的情况下，商务部通过 CIAO，应向 NIAC 提供行政服务、工作人员和其他支持服务，以及提供 NIAC 履行职能所必需的资金。

5. 一般规定。

（11）《联邦咨询委员会法（修正案）》可适用于 NIAC。该法案下的总统职能，除向国会报告以外，应当由商务部根据总务管理局制定的指导方针和程序执行；

（12）NIAC 应自本法令之日起 2 年后终止，除非在该日期之前由总统延长；

（13）1999 年 7 月 14 日第 13130 号行政命令废除。

第十一节：国家通信系统。

技术革新使得电话通信系统、数据中转和互联网通信网络日益融合成为相互连接的"网中网"。国家通信系统及其国家协调中心应当支持电话通信系统、融合信息、语音网络和下一代网络。这些内容涉及 1984 年 4 月 3 日第 12472 号行政命令里规定的紧急预警和国家安全通信职能。除明确修改之外，该法令中部门、机构的权利和职责分工，包括国家通信系统主任职位均不得改变。

第十二节：反情报。

理事会应与反情报主管办公室协调其活动，以应对敌对外国情报机构对董事会权限内活动的威胁。

第十三节:密级设置权。

根据 1995 年 4 月 17 日第 12958 号行政命令或后续修正的行政命令,我特此授权主席将信息最初归类为"最高机密"。

第十四节:一般规定。

(1)本法令中的任何内容不得取代法律或法律规定。

(2)本法令不产生任何实体或程序的权利或利益,不可在法律或衡平法上运用到美国各部门、各机构或其他实体、其官员或雇员或任何其他人。

乔治・沃克・布什

白宫

2001 年 10 月 16 日[①]

行政命令是政治行为中一种较为明确的声明,美国以此来强调关键基础设施和关键信息基础设施的重要地位。行政命令可能是政府对这个问题最清楚的陈述,认识到这一点对我们来说意义重大。然而,行政命令确实还存在一处弱点,即由哪个部门总体负责。这点缺少明确的说明。从美国的例子中,我们看到多个机构之间有太多的协调和协商。尽管我们可以推断国土安全部对此将起主导作用,但没有具体的部门声明对修复力的建设或防御负责。

在英国,关键基础设施被称为关键国家基础设施。军情五处,对于安全服务的评论如下:

政府高度重视确保英国对各类国家突发事件都做好了准备和保护……

严重的国家破坏可能是由一系列的事件造成的,如恶劣的环境条件、重大事故、流行病或蓄意的恐怖分子或网络攻击。加强我们国家对这类事件的修复力,需要所有政府部门与企业、组织机构和社区的共同努力,这些机构是我们日常生活的基础。

我们已经建立了许多处理国家危机和保护国家资产的机制,但确保参与保护、统筹英国的不同利益相关者之间的协调反应是复杂的。理解关键国家基础设施(CNI)的概念,有助于我们在面对任何破坏性挑战和保护公众利益时,对关键部门和职能拥有共同认识。

---

① Bush,GW(2001) Executive Order on Critical Infrastructure Protection. 参见 http://www. white-house. gov/news/releases/2001/10/20011016-12. html。(访问日期:2007. 1. 6)

政府将关键国家基础设施视为支持英国经济、政治和社会生活的资产、服务和系统的基础,其重要性在于,任何整体或部分损失或弱化都可以:

- 造成大规模人员损失;
- 对国民经济造成严重影响;
- 对社区或社区的任何实质性部分产生其他严重的社会后果;
- 成为国家政府的当务之急。

政府认为,在经济、政治和社会活动等 10 个"领域"里均包含关键因素。他们是:

- 通信;
- 应急服务;
- 能源;
- 金融;
- 食物;
- 政府与公共服务;
- 公共安全;
- 健康;
- 交通运输;
- 水。

在上述领域内,并非所有活动都是关键的,但上述标准的应用有助于各领域的政府和管理者确定保护性安全措施集中的方向①。

英国对关键基础设施保护和关键信息基础设施保护的理解已经很到位了。"领域"的定义与别处描述的常见列表略有不同,但仍然可以理解。英国也十分清楚存在的威胁,各类组织接受建议和警告,以及没有一个特定部门负责修复力的建设或防御。

2005 年 11 月 25 日,欧盟委员会通过了一项关于关键基础设施保护项目的绿皮书,主要描述了各国对加强欧盟关键基础设施保护的预防、准备和响应的方法。绿皮书提供了委员会应如何回应理事会要求建立"欧洲关键基础设施保护计划"(EPCIP)与"关键基础设施预警信息网络"(CIWIN)的方法。2004 年 10 月建立的委员会关键基础设施保护交流机制开启了协商

---

① 参见 http://www.mi5.gov.uk。(访问时间:2007.1.6)

程序,本绿皮书构成了协商的第二阶段。

绿皮书论述了如下关键问题:欧洲关键基础设施保护计划应该保护什么?

其关键原则是:

- 需要的框架类型;
- 欧盟关键基础设施的定义;
- 国家关键基础设施;
- 关键基础设施所有者、运营商的角色;
- 关键基础设施预警信息网络(CIWIN);
- 基金;
- 评价与监测。

《欧洲关键基础设施保护计划绿皮书》提出一系列组合措施,可视为国家当前工作的补充选项。委员会预计,通过推出绿皮书的方式,他们将收到对绿皮书中有关政策选择的具体反馈。

关键基础设施可以被恐怖主义的蓄意行为、自然灾害、玩忽职守、犯罪活动和恶意行为所损伤、破坏或干扰。为了挽救欧盟民众的生命和财产,免受恐怖主义、自然灾害、事故的侵扰,对任何关键基础设施的操作或扰乱应尽可能短暂、低频、可控且地理上孤立,对成员国、公民和欧盟的福利损伤应最小。

最近马德里和伦敦的恐怖袭击事件让人们意识到,欧洲基础设施也存在遭受恐怖袭击的风险。因此,欧盟的反应必须迅速、协调、有效。

某国基础设施部分损害或损毁可能会对其他几个国家甚至整个欧洲经济产生负面影响。新技术(例如,互联网)和市场自由化(例如,电力和天然气供应)的出现,意味着许多基础设施只是"网中网"的一部分。这种情况下,保护措施受制于最薄弱环节这块短板。这意味着可能需要一个共同的保护级别。在欧盟层面建立保护欧洲关键基础设施的共同框架,可以确保每个成员国对其关键基础设施和内部竞争规则提供充分、同等程度的保护且不被扭曲。

欧盟委员会组织研讨会,邀请会员国提交意见和评论。研讨会提交的材料成为进一步开展关键基础设施保护的基础。成员国和行业协会都参加了研讨会。委员会据此推出了绿皮书。

绿皮书的目标是通过各个利益相关方参与其中,收集有关 EPCIP 政策选择的反馈意见。有效保护关键基础设施,需要所有相关方——基础设施的所有者与运营者、监管机构、专业机构和行业协会——在国家层面和欧盟层面与各级政府和公众的沟通、协商和合作。[①]

欧洲人民对关键基础设施的了解比较到位,但其运作方面欠缺良好发展。没有具体的部门负责修复力的建设或防御。

澳大利亚的某些地区,高达90%的关键基础设施是私有的。因此,关键基础设施保护(CIP)不能仅由政府执行。

CIP汇集了大量现有的战略、计划和程序,涉及处理灾害和紧急情况的预防、准备、响应和修复工作。它不是一门新学科,而是现有专业协调融合的结果,包括:

执法和犯罪预防;

反恐;

国家安全和防御;

应急管理;

业务连续性规划;

保护性保障(物理、人员和程序);

电子化安全;

自然灾害规划和准备;

风险管理;

专业网络体系;

市场监管、规划和基础设施发展。

CIP要求基础设施的所有者和经营者、监管机构、专业机构和行业协会积极参与同各级政府和公众的合作。为确保合作与协调,所有上述参与者都应致力于构建一套CIP的共同基本原则。由于每项原则都设定了下列内容,这些原则应作为一个整体来阅读。

CIP的重点是最大限度地降低对公众健康、安全和信息的风险,确保经济安全,保持澳大利亚的国际竞争力,并确保政府及其服务的连续性。

CIP的目标是识别关键基础设施,分析脆弱性和相互依赖性,并为所有危害提供保护预案和应急预案。

由于并非所有的关键基础设施都能受到保护、免于所有威胁,因此应采用适当的风险管理技术来确定相对严重程度和持续时间、保护安全级别、资

---

① European Commission(2005) Critical Infrastructure Protection. Green Paper. 参见 http://www. europaworld. org/week247/commission251105. htm。(访问日期:2007. 1. 6)

源分配的优先级,以及运用缓解业务连续性的最佳策略。

物理设施、供应链、信息技术和通信网络领域,风险管理的责任主要在于所有者和运营商。CIP需要充分考虑企业、部门、司法管辖区和政府机构之间的相互依赖关系,从"所有危害方法"开始着手。CIP要求关键基础设施和政府的所有者和运营商之间建立持续稳定的合作伙伴关系。威胁和脆弱性相关的信息共享将有助于政府、关键基础设施的所有者和运营商管控风险。

政府强调,在涉及包括恐怖主义在内的针对关键基础设施的国家安全威胁时应谨慎行事,以避免澳大利亚国内居民以及潜在的海外游客和投资者过度担忧。

更强大的研究和分析能力可确保风险缓解策略适合澳大利亚独特的关键基础设施环境[1]。我们重申,澳大利亚对基础设施的理解非常清楚,没有具体的部门负责修复力的建设或防御。

新西兰的大多数系统都建立在假定电力和电信能够持续供应的基础之上。

◎ 基础设施所有权

- 关键基础设施的所有权多种多样;
- 中央政府部门拥有诸如运行SWIFT福利支付系统等计算机项目;
- 国防和警察部队拥有计算机系统和通信网络;
- 医院使用计算机系统进行财务记录和管理;
- 储备银行目前操作银行结算系统;
- Transpower和Airways等国有企业拥有关键网络;
- 电信和地方电力分配等关键基础设施大多在私营领域。

实际情况比上述所呈现的更为复杂。基础设施的组织机构拥有形形色色的模型,有的将部分基础设施外包,有的将部分基础设施由另一家公司管理。此外,尽管一些基础设施提供者拥有信息技术或电信网络,但很多情况下它们仍然依赖于诸如Telecom或Telstra Saturn之类的电信运营商所提供的线路。

虽然政府不拥有或直接控制新西兰的大部分关键基础设施,但它确实有助于确保其基础设施得到恰当保护。基础设施业务与其他业务的不同之处在于,客户对其持续供应能力的兴趣可能会超过业务的商业利益。若是基础设施业务的供应商处于垄断地位,那么人们将特别关注,因为垄断意味着维持服务的竞争

---

① Australian Government Attorney General(2006) *Trusted Information Sharing Network for Critical Infrastructure Protection.* 参见 http://www.tisn.gov.au。(访问日期:2007.1.6)

压力减少或不存在。下图显示各种关键基础设施的相互依赖关系。

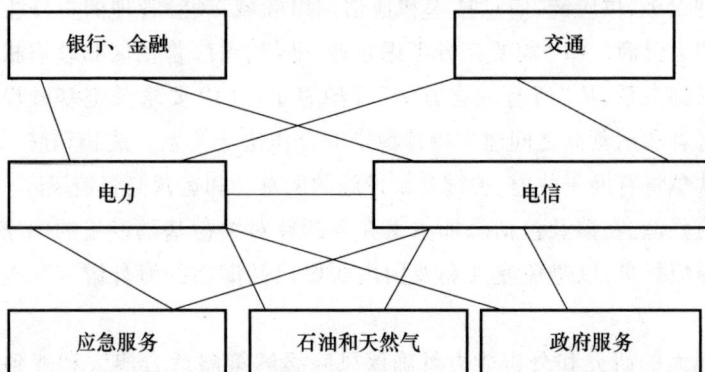

图 1　新西兰关键基础设施的依赖性(资料来源:新西兰政府)

假设一家电力公司,由于在工程领域资金和时间投入不足,同时选择不关注可能提高盈利能力的领域,那么该公司的基础设施将面临失败的风险。

◎ 关键基础设施的风险

上文我们在基础设施安全方面讨论了商业激励的充分性,另外政府也需要考虑如何确保正在运行的基础设施得到充分的风险管理。合理的方法是确定基础设施所有者们使用什么程度的风险管理方法。

风险管理最佳实践始于形式风险、缓解模型。许多形式风险评估模型可以使用。图 2 总结了运用关键基础设施的风险评估和缓解模型。这些模型改编自澳大利亚和新西兰标准。

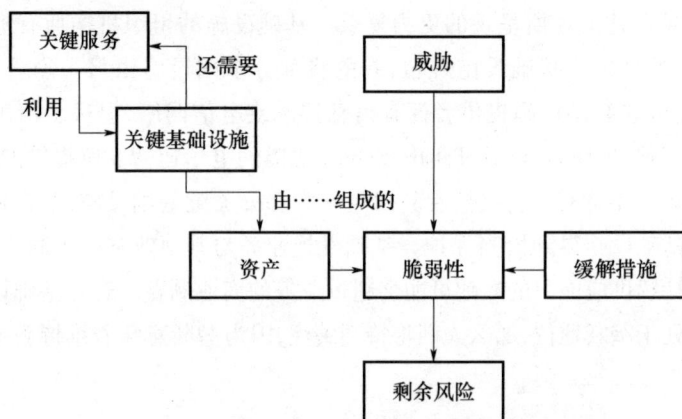

图 2　新西兰基础设施的威胁和脆弱性(资料来源:新西兰政府)

图 3 显示了依赖基础设施的关键服务，其中一些领域还依赖其他服务。基础设施的组件（称为资产）容易受到脆弱性的影响。脆弱性可能被威胁利用，但我们可以通过各种策略减轻威胁对漏洞的影响。

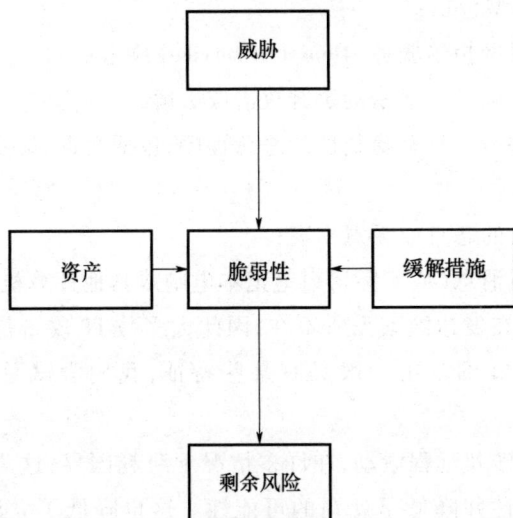

```
                    ┌─────────┐
                    │  威胁   │
                    └────┬────┘
                         │
                         ▼
┌─────────┐        ┌─────────┐        ┌─────────┐
│  资产   │───────▶│ 脆弱性  │◀───────│ 缓解措施 │
└─────────┘        └────┬────┘        └─────────┘
                         │
                         ▼
                    ┌─────────┐
                    │ 剩余风险 │
                    └─────────┘
```

图 3　新西兰风险缓解周期（资料来源：新西兰政府）

风险得到缓解后，总会留有一些残余风险，我们需要对其评估。如发现残余风险不可接受，则需要采取进一步的缓解措施。

风险有两个组成部分：事件的后果或影响，以及事件发生的可能性。由于基础设施显然很有价值，因此通常已经考虑了物理风险并采取了一些保护措施。因此，物理威胁对基础设施造成损害的风险往往很低，尽管影响很大。然而，本节重点关注的是与日渐依赖的信息技术相关的快速发展且不那么明显的风险。

◎ 信息技术（IT）对关键基础设施的威胁

关键基础设施的 IT 威胁（即不包括物理攻击的威胁）可以通过攻击者或其他威胁介质的动机、资源以及攻击手段进行分类。

威胁介质包括：

- 工作人员犯错；
- 心怀不满的员工或承包商；
- 找乐的黑客；
- 寻求个人利益的个人，例如通过盗窃或敲诈勒索；

- 组织犯罪、竞争商业利益或问题小组的代理人；
- 外国政府的代理人。

知识和资源不同，上述分类也不尽相同。

IT 的攻击类型包括：

- 通过互联网拒绝服务（Denial of service）攻击；
- 导致系统破坏或泄密的黑客攻击或破解；
- 恶意软件——具有隐蔽性的恶意程序，包括病毒、蠕虫和特洛伊木马等各类病毒；
- 内部人士的恶意或无意伤害；
- 非法拦截消息（或实际盗窃笔记本电脑或其他计算机）。

由于互联网在发达国家无所不在，因此大多数 IT 攻击都是通过互联网进行的。通过互联网攻击一般具有某些特征，我们尝试总结其普遍性和影响：

互联网攻击涉及远程活动，在许多情况下跨越国界，这为攻击者提供了一定程度的匿名性并降低了惩罚的可能性。这也降低了立法的威慑效果。（新西兰在西方国家中很不寻常，因为它目前没有针对黑客行为的立法。解决这一问题的法案日前已提交众议院审议。）

与其他 IT 传播的威胁一样，互联网攻击经常涉及利用计算机自动重复某些过程，例如利用字典搜索工具来破解密码，或者在无限制的情况下复制病毒。这一点使得个人就可以凭借聪明才智发起对具有全球影响力的基础设施的攻击行为。这种情景中，其影响大小与攻击者可用的资源量无关。

写成之后自动攻击的工具。（此类工具的作者并不一定是恶意或不计后果，因为这些工具在多数情况下是用于合法目的，例如利用它们评估自己网络中的漏洞。）在互联网上可以广泛传播，并且可能被不了解工具及后果的个人使用，互联网提供了大量攻击联网系统的机会。

◎ 基础设施面对 IT 攻击的脆弱性

原则上，任何基础设施在基于 IT 的控制系统内都是脆弱的。就可能产生的不利后果而言，风险最大的威胁在于我们可能无法访问用于管理基础设施网络的 IT 系统。

如果访问只限于安全位置，那么脆弱性就是物理安全，以及员工恶意或错误操作的风险。

　　某些基础设施供应商为了高效、迅速地解决故障，使用电信（即拨号）接入无人的网络管理设施（例如变电站）。因为需要拨号者进行身份验证，这又带来了一系列新的脆弱因素。身份验证系统需要足够强，可与未接入账户时的风险相差无几。身份验证系统本身需要及时维护，以确保例如辞职员工的访问权限得到及时撤销。

　　将各系统通过互联网连接起来，有利于节省成本并提高功能。大型基础设施供应商往往将公司业务网络连接到互联网，并在这些网络与自身网络管理系统之间构建某种链接。虽然许多供应商对互联网威胁的认识很高，但很难保证网络管理设施连接不中断。

◎ IT 系统的同质性

　　在信息技术方面，新西兰在选择设备和标准方面紧跟全球步伐。过去10 年间，信息技术的多样性在广泛使用之后变少了。之所以出现这种情况，是因为 IT 购买者渴望通用的开放标准，其他原因包括防止供应商锁定和垄断定价。互联网的巨大成功，部分得益于其架构的质量和开放性，有效地取代了连接计算机系统的其他方式。而拥有独特设备的小型计算机制造商从市场上（上述为主要原因）渐渐消失，专业化设备越来越多地基于现成的电脑和操作系统。

　　这些趋势导致了以下情景：几乎所有计算机网络都使用互联网协议，几乎所有的互联网路由器是由思科提供的，大多数服务器计算机使用微软Windows 操作系统或 Unix 操作系统，台式计算机几乎都使用微软 Windows操作系统，电网的专家机器也越来越多地使用上述提到的广为熟悉的机器类型管理控制。这并不意味着这些产品在本质上比其他同类产品不安全。然而，虽然系统的同质性在效率和易用性方面带来好处，但也使所有的计算机更易受到攻击。原因显而易见，大量同质的产品用户意味着增加了发现和利用潜在安全隐患的概率，并且一旦问题出现，涉及受损的机器数量将十分庞大。

　　汇集通用 IT 标准的过程可能还有许多。依赖于数字技术的电话通信服务，可能会转而使用因特网协议和因特网式的路由器，而不再使用当前的专业交换机和个人自动分组交换机（PABXs）。新西兰社会政策部最近在工作与收入局各个分支机构都安装了这样的系统。这并不意味着这种举动本身就有风险。的确,它在享受高效率与高效力的同时,也应该承担相应的风险和代价。然而,它只是众多技术融合的一个例子,而此详情已众所周知。

◎ 复杂性

技术的持续进步也伴随着复杂性的日益增长。尽管 IT 系统建设障碍的多样性正在减少,但障碍本身的复杂性却在迅速增加。每一代计算机芯片的晶体管数目比上一代多数倍。而每一代的微软视窗都增加了百万行的程序代码。为了提供更高层次的自动化和操控方式,这些元素越来越多地以新颖的方式相互连接。

在这种环境下,企业很难或者不可能对不同场景和用户输入的所有可能组合进行测试。商业压力诱使开发者交付问题产品(其中一些问题与安全性相关),然后寄希望于产品更新来解决问题。因此,我们在广泛使用的系统中经常发现包括安全问题在内的漏洞。

◎ IT 安全人员的可用性

保护计算机系统和维护计算机安全性需要大量的专业知识,留住此类专长的工作人员不太容易。由于这些专业人士可以轻易得到高薪承诺,他们往往更愿意担任承包商或顾问。据称,在新西兰,拥有 IT 技能,特别是拥有 IT 安全技能的专业人才正越来越稀缺。澳大利亚也是如此。为了解决这一缺口,英联邦政府正在考虑在某些大学推广设立专门的 IT 英才中心。

由于 IT 安全技能在美国和欧洲拥有市场,相关专业人员在新西兰和澳大利亚的要价也因此抬高。基础设施所有者面临的挑战是在复杂的环境中管理风险,政府可通过实施各种方案集思广益来提供帮助。

◎ 法律问题

如今,国际组织已经开展商定网络犯罪的定义并促进追捕跨越国际边界的罪犯。欧盟正试图在成员国间协商类似的条约。一旦协商成功,其他司法管辖很可能达成一致立法。新西兰警方也在考虑通过加入澳大利亚警务研究中心来打击网络犯罪。

大多数发达国家现在已经明确立法,将计算机系统的非法接入列为犯罪。新西兰目前还没有做到这一点，虽然相关法案草案已提交众议院（如果不尽快出台，缺少类似的法规可能会损害新西兰的国际声誉）。颁布相关法律不仅将使国家更容易追捕非法进入计算机的新西兰居民，而且有助于新西兰执法机构要求他国协助追踪计算机破坏者的请求得到支持。

目前的框架（经第 85 号补充命令文件修订的第 6 号刑事犯罪修正案），众议院提出的法案并未涉及拒绝服务攻击。这种类型的攻击将在后文讨论，它已成为新西兰及其他各国互联网面临的日益凸显的问题。如果新西兰不将拒绝服务攻击定为犯罪，那么新西兰的立法不但比其他国家慢了半拍，还将与现实世界脱节。司法部官员已经意识到这一问题，并且正考虑对法案条例作进一步的修订。

◎ 信息披露

政府如果收集这类性质事件的可靠数字可能相当困难，因为公司不愿披露信息，这是情有可原的，因为披露信息可能有损客户信心或股东价值。有时公众认为公共部门比私营部门更容易受到 IT 攻击，但这可能只是因为公共部门需要披露的信息更多。

若没有可靠数据支撑，制定保护策略将陷入困境。解决此问题可通过某些可信的团体以适当的匿名形式收集和保存事件数据库。

◎ 责任

拥有基础设施的公司如果基础设施出现故障，是不太可能在法律上承担责任的，除非可以证明他们没有按照公认的相关标准运作。

银行业是一个例外。作为银行执业的条件，银行的董事必须证明银行能够审慎运作。这可能使他们个人在发生故障时承担相应的责任。[①]

新西兰政府围绕关键基础设施、关键信息基础设施问题的描述在这里又一次得到了重复。但它是其中最全面和最简明的一个。没有具体的部门负责修复力的建设或防御。

OECD 对关键基础设施和关键信息基础设施安全的所有方面都感兴趣。关于促进 OECD 国家文化安全的 2005 年度报告着重指出，许多国家政府执

---

① 参见 http://www.e.govt.nz/archive/policy/trust-security/niip-report/chapter3.html。（Accessed：访问日期：2007.1.6）

行计划的一个重点是确保关键信息基础设施（CII）的修复力，涉及的保护措施可能需要超越国界的协调。通过对某些主动提供信息的国家制定 CII 安全政策的驱动因素和面临的挑战进行分析，OECD 帮助各国政府分享以下几个方面的经验和做法：评估和管理 CII 风险，新兴的和现有的公私信息共享模式，以及国家如何应对日益增长的跨境合作需求。

◎ 电子认证

在数字环境下，向一方担保与之互动的另一方的身份，是信任的关键要求。电子认证可促进信任，并有助于降低安全风险。1998 年以来，OECD 致力于实现跨司法管辖认证的相互兼容。在此基础上，OECD 正完善电子认证的政策与可操作性指导，以帮助各国确立认证方法，推动跨境交流。

◎ 恶意软件和身份盗窃

恶意软件用于针对大型和小型企业的勒索活动（例如，通过分布式拒绝服务攻击）以及针对个人的身份盗窃（例如，通过钓鱼式诈骗）。借助成千上万的僵尸个人电脑，它也可用于其他犯罪，如网络恐怖主义。OECD 与亚太经济合作组织（APEC）共同打击恶意软件，目的是让各国政府全面了解这一现象，同时考虑到其跨界性质。这将有助于内部成员制定和执行协调一致的政策，有效打击经济、技术、监管和教育领域基于恶意软件的犯罪活动，包括身份盗窃。

◎ 在线电子身份

用宽带"随时随地"访问互联网已成为趋势，这加剧了安全风险，而身份管理（IDM）有助于降低安全风险。然而，在复杂（固定、无线、移动）、动态和交互操作的计算环境下，信息保护会进一步增加安全挑战，这些挑战包括安全信息共享和传播，主要涉及 IDM 系统内的信息存储以及维护的保密性、完整性和可用性。OECD 将在更为广泛的范围内对 IDM 进行上述方面的审查。

◎ 射频识别、传感器和普适网络

虽然个人可能对射频识别（RFID）标签、定位设备和传感器设备不为所见，但长期来看它们将无处不在。结合无处不在的网络，我们可以随时随地收集和处理数据。考虑到这一新兴趋势，OECD 正在探讨 OECD 隐私准则和安全准则在这种环境中的适用性。[①]

OECD 显然非常了解保护关键基础设施和关键信息基础设施所涉及的相关问题。阅览主要国际组织的审查都将得出结论，那就是 OECD 对所涉及的问题十分关注。没有具体的部门负责修复力的建设与防御。

邓恩和威格特合著的《国际关键信息基础设施保护手册（2004 版）》[②]充分记录了从地理角度对其他领域关键基础设施以及关键信息基础设施的分析。本书再一次突出问题意识——没有一个具体的部门负责修复力的建设与防御。瑞典和瑞士是个例外，瑞典国防军设立了"网络防御"[③]项目，瑞士有 VBS[④] 方案。

通过梳理发现，各国在如下几个方面已达成广泛共识：如何界定关键基础设施，风险管理很重要，法律是反复出现的问题，任何关于关键基础设施的讨论都将以信息技术为重点，此外还有一些关于信息技术同质性和人员配置的严重问题。通过梳理还表明，在这方面，思想引领并不与国家的大小成正比。在关键基础设施保护、关键信息基础设施保护方面进行通盘思考的是新西兰、瑞典和瑞士三国。各国在意识层面和信息共享方面也已经做了很多努力，但在公私合作方面做得比较少。尽管我们了解到关键基础设施面临的威胁很多，使用或来自关键信息基础设施的风险特别高，但除了一些例外情况，针对修复力建设和防御几乎没有什么作为。我们对不同国家情报机构处理此类事件的能力进行了梳理，结果较为混乱。

中情局和其他 OECD 国家情报机构声称已解决多起潜在的国内攻击，但它们最近暴露的无序与混乱多少令人不太信服。[⑤]

---

① 经合组织关于此主题的一系列文章参见 http://www.oecd.org/searchResult/0,2665,en_2649
_201185_1_1_1_1,00.html。（访问日期：2007.1.6）

② Dunn，M and Wigert，I（2004）Critical Information Infrastructure Protection，The International CIIP
Handbook 2004. Zurich，Switzerland. Centre for Security Studies.

③ 参见 http://www.mil.se。（访问日期：2007.1.6）

④ 参见 http://www.vbs-ddps.ch。（访问日期：2007.1.6）

⑤ 参见 http://www.cnponline.org/index.php? tg = articles&idx = More&topics = 86&article = 5 8。
（访问日期：2007.1.6）

第四章
关键基础设施和关键信息基础设施:按类型分类

本章旨在确定常见关键基础设施相关的问题。从整体角度首先简要探讨每种基础设施,接着分别从国际、国家、地方及个人层面对每项基础设施适当评论。由于基础设施面临着诸多威胁,因此本章对此的探讨可能略显悲观。然而,正因如此,需要明确,社会应该如何解决这些问题。

地质学家告诉我们,石油和天然气的储量日渐枯竭,而且这两类能源不可再生。如果金融市场真的把这条信息铭记于心,那么整个经济就很有可能面临崩溃。世界经济将动荡不安,战争将取代贸易成为主导。因为战争是各国确保自己获得足够粮食、水和能源的唯一可靠途径。除非我们改变使用化石燃料的方式,否则全球变暖的趋势可能继续有增无减[1]。抢购煤炭的现象将会发生[2],而这也是基于煤炭储量尚属丰富的情况下作出的预测。煤炭易于获取,而且提取成本不高。核能作为未来可持续能源[3],一直是近来关注的焦点。然而,核能的毁灭性后果人类早有记录在案。替代能源,如风能、太阳能、潮汐能和海浪发电技术日益可行,但规模不大,不一定能够提供整个社会所需要的能量。[4]

在国际层面,历史上的资源竞争确实令人叹为观止。俄罗斯实际上已

---

① Leggett,J (2006) Half Gone:Oil,Gas,Hot Air and the Global Energy Crisis,Portobello Books.

② Jaccard,M (2006) Sustainable Fossil Fuels,The Unusual Suspect in the Quest for Clean and Enduring Energy. CUP

③ Kirby,A (2005) Analysis:Is Nuclear Power the Answer? BBC News. 参见 http://news. bbc. co. uk/1/hi/sci/tech/4216302. stm。(访问日期:2007. 1. 6)

④ 参见 http://www. culturechange. org。(访问日期:2007. 1. 6)

将壳牌在萨哈林岛①的合资企业国有化，并在过去的两年时间有效地切断了输往欧洲②③各地的天然气和石油供应。这两项举措放在 20 世纪又会引起一场战争。

从国家层面来看，英国能源从此前自给自足的状态转变为依赖进口的状态。自给自足是以北海和大西洋的能源为基础。现在，需要依赖来自于东欧和西伯利亚的能源资源，显然这种做法是不可靠的。英国当局没有规划好此种转变，应急计划（或修复力）也没有做到位。2005—2006 年冬天，英国工业的天然气短缺现象就有力地证实了上述观点，随后政府才展开了关于应急预案和修复力的讨论。

在地方及个人层面上，世界各地能源需求的增加对相对稀缺的国际和国家资源施加与日俱增的压力。木材、风能的可持续使用以及电能的替代能源（如发条装置、蜡烛/自然光等），除个例外，还没有获得与化石燃料衍生能源相同的技术和技能投入。因此，能源的修复力很可能处于历史最低位。

40 年来，保险业损失一直在以每年 10% 的速度递增④。如果继续保持这个速度，大约到 2060 年，破坏的财富将比创造的要多。在这里，全球变暖将是一个重要的问题。世界某大都市或工业中心受到极端自然灾害造成的损失可能会导致整个世界金融市场的崩溃⑤。同时，可用于世界各地项目的资金——无论是商业还是发展——都处于历史最高位。这种明显的自相矛盾的现象说明管理存在问题，即资本的可用性与其部署之间的联系与一个世纪前的情形大不相同。

在国际层面上，金融竞争依然激烈。主要问题可能是美国债务与中国贸易顺差，其次是俄罗斯问题（对此已作评论）。中国贸易盈余习惯购买美国国债，这反过来又加重美国债务。

---

① Macalister, T and Parfitt, T (2006) $ 20bn Gas Project Seized by Russia. The Guardian. 12 December. 参见 http://www. guardian. co. uk/russia/article/0,,1970064,00. html。（访问日期：2007. 1. 6）

② BBC News (2006) Gas Row Sends Shiver Through EU. 2 January. 参见 http:// news. bbc. co. uk/2/hi/europe/4574264. stm。（访问日期：2007. 1. 6）

③ Halpin, Russia Turns off Europe's Oil Supply, The Times, 8 January.

④ 在一般保险网站中，对保险业大趋势的评论也是如此：创新超越旧模式。参见 http://www-935ibm. com/services/us/index. wss/ibvstudy/bcs/a1024461。（Accessed：6 January 2007）

⑤ 参见其他信息：Mills, E (2005). On Insurance Risk and Climate Change. 23 September. 参见 http://www. lbl. gov/science-articles/archive/sabl/2005/September/05-insurance-risk. html。（访问日期：2007. 1. 6）

上述做法明显将中国处于一个强有力的位置,可以控制美国经济的状态①。这可能是 21 世纪一个决定性的问题。它是如此重要,以至于 OECD 未来经济的成功与此密不可分。

从国家层面来看,英国有两个至关重要的主题。第一个是伦敦的"健康"状况。伦敦是以国际金融和保险业为基础的,它是整个英国东南部的驱动力,对住房、土地价格和零售销售具有举足轻重的影响。伦敦的"健康"受到许多与金融市场,尤其是国家相关因素的影响和威胁,还有先前关于保险市场损失的一些评论。第二个主题是英国经济植根于房地产。地产财富受到世界市场崩溃(见上文能源相关表述)、国际货币和保险市场困境的威胁(更不用说国内债务和其他问题了)。

在地方和个人层面上,财务健康仍然取决于在世界市场上的竞争能力。由于采取相对较高的税收政策、工作机会转移到更为有利的劳动力市场等原因,金融健康越来越受到挑战。因此,金融方面的修复力受到威胁——尤其是对大型、混合的贸易经济体。

食物是仅次于水的人类最重要的必需品。由于现在世界上肥胖的人比营养不良的人多,那么问题的一部分显然是政治意愿、分配和管理②。另一方面,用于种植基本食物如小麦、玉米和大米的物种数量却在减少,人们对此非常关心③。这是因为一个相对较小的疾病突变可能会迅速切断大部分主要的基本食物供应。气候变化同样令人担忧。气候变化对食物供应有着巨大而即时的影响④。

关键地区⑤⑥的粮食产量在下降,增加了 OECD 一个多世纪以来首次出现饥荒的潜在风险。

在国际层面,核心问题是粮食储备的有用性。这是 25 年来的最低水平。美国农业部(USDA)最新报告显示,2006—2007 年度全球小麦产量降低了

① Pesek, Jr. W (2005) If China Shuns Dollar, Look Out US Bonds. 28 January. 参见 http://bloomberg. com/apps/news? pid = 71000001&refer = columnist_ pesek&sid = aEBBmwvtNuxA。(访问日期:2007. 1. 6)

② BBC News (2006) Overweight Top World's Hungry. 15 August. 参见 http://news. bbc. co. uk/1/hi/health/4793455. stm。(访问日期:2007. 1. 6)

③ Plants For a Future. 参见 http://www. pfaf. org/leaflets/intro. php。(访问日期:2007. 1. 6)

④ 其他参见 Borlaug, N (2006) A Warning 6 April. 参见 http://3billionandcounting. com/phpbb/viewtopic. php? p = 418&sid = f02536aecea00f7caa329 ec86009cf2f。(访问日期:2007. 1. 6)

⑤ 其他信息,参见 http://www. heatisonline. org/soils. cfm。(访问日期:2007. 1. 6)

⑥ Making Money:Wheat Is the New Gold. The Week,13 January 2007,p. 13.

1100 万吨，为 5.85 亿吨，比上一个年度下降 5.4%。同时，先前收获的结转库存将下降到 1.193 亿吨——这是 25 年①来最低的储量。如果情况持续下去，各个大陆上数以百万的饥饿人群将没有足够的粮食可吃。小麦库存相对于消费已创下历史最低水平。德意志银行估判，全球玉米库存已降至 1979 年以来的最低水平。干旱也横扫欧洲、印度、非洲和南美洲。USDA 下调了全球第三大粮食出口国——澳大利亚 2006—2007 年度小麦产量的预期，较上一个年度的 2450 万吨下降了 55%，仅为 1100 万吨。仅一个月前，USDA 预测小麦产量仍将有 1950 万吨。澳大利亚主要小麦出口商——澳大利亚小麦局（AWB）在一个月内两次降低其预期值，并在 2006 年 10 月 25 日的预测中称，严重干旱会使全国小麦产量减少 65%，只有 900 万吨，而且澳洲不得不进口饲料谷物。澳大利亚谷物理事会预测大麦产量可能会下降得更厉害——大约 75%，从 1000 万吨降到 250 万吨②。

在全国范围内，消费者的食品供应由超市主导。下至廉价食品上至精美艺术品，都可以通过及时交付系统完成货物配送。扣除物价因素，英国家庭在食品上的平均花费在这一代人中已经减半，且质量无疑是上升的③。同时在世界市场，连续的国内政府和欧盟政策导致了整体国家的重点不在食品生产，因而产量有所下降。很大程度上，国家对土地的重视是为了娱乐而不是食物生产。2000 年英国的燃料行业罢工充分证明了这一举措的脆弱性。这次罢工使得灾民在 48 小时内获得了必要的食物供给，这也是罢工结束的主要原因④。

关于英国粮食安全状况一份有趣而又矛盾的报告，参见 2006 年 12 月⑤环境食品和农村事务部门的报告。它实际上在呼唤增强修复力。我将这份报告与其他欧盟国家作了有趣的对比，尤其是同法国极高的自给自足率相对比。在地方和个人层面，其主要问题仍然是缺乏本地食物来源以及个人种粮能力的日渐丧失，甚至那些有种植知识的人也无法种植粮食。第二次

---

① Morrison,K (2006) *Grain stockpiles at lowest for 25 years*. 12 October. 参见 http://www.ft.com/cms/s/0c021878-5a16-11db-8f16-0000779e2340.html。（访问日期：2007.1.6）

② 数据参见 www.usda.gov and http://www.realtruth.org/articles/466-odfs.html。（访问日期：2007.1.6）

③ 统计参见 http://statistics/defra.gov.uk/esg/publications/efs/2005。（访问日期：2007.1.6）

④ Lewis,Miles and Miles and Miles. 10 May. The Guardian. 参见 http://www.guardian.co.uk/food/focus/story/0,13296,951962,00.html。（访问日期：2007.1.6）

⑤ DEFRA (2006) Food Security and the UK. December. 参见 http://statistics.defra.gov.uk/esg/reports/foodsecurity/foodsecurity.doc。（访问日期：2007.1.6）

世界大战期间,几乎所有的英国人都自己种植一些粮食;但到了 20 世纪 70 年代和 80 年代,配给土地(个人种植粮食的土地)下降了 50%。尽管下降趋势曾一度停止,但最终只有不到 5%①的人口仍然种粮。因此,食物的修复力也受到威胁。

健康并非是 OECD 国家的突出问题,因为所有年龄段的死亡率都可以说达到有史以来最低水平。总体来说,健康状况良好,我们比 50 年前②对不健康的原因、治疗方法都更为清晰。然而,许多因素导致我们对健康问题的关心也在上升。第一个是整体卫生和清洁,第二个是对免疫系统的认识。健康显然取决于这些因素。然而,正如许多医院的标准在下降,个人卫生和清洁的标准也在下降。再举一例,人们对打喷嚏和咳嗽等个人卫生习惯不上心,需要改进③。另一方面,性传播疾病的增加,特别是在 OECD 国家年轻人使用各类非药物产品。年轻人④对清洁和卫生认识错误,导致免疫系统发育受阻。另一个问题是控制个人体重。西方世界人口的肥胖率最高,所占比例超过总人口的 25%,这对健康和生产力有影响。最后一点是锻炼——每周⑤运动 3 次以上且每次 30 分钟的人口不到总人口的 25%。

在国际上,我们并没有彻底根除小儿麻痹症,尼日利亚⑥和其他地方又爆发新的疫情。全世界对禽流感⑦仍有恐惧,我们对于健康沾沾自喜真是个彻头彻尾的谎言。世界范围内,抗生素越来越不能应对新型细菌感染,治疗新旧病毒存在难度,健康问题呈现复杂化⑧。国际健康前景并不乐观。

---

① http://www.sovereignty.org.uk/features/footnmouth/urbanag2.html.

② http://www.oecd.org/document/46/0,2340,en_2649_37407_34971438_1_1_1_37407,00.html.

③ 如何减轻各类流感的影响的各类网站,主要参见 http://dallascounty.org/department/hhservcies/servcies/publichealthalert/dcouments/Drbuhner_presentations_to_schools.pdf。(访问日期:2007.1.6)

④ 更多信息,参见 http://www.jca.apc.org/fem/bpfa/NGOreport/C_en_Health.html#2-3-f。(访问日期:2007.1.6)

⑤ 其他信息参见 http://www.activeatwork.org.uk。(访问日期:2007.1.6)

⑥ Raufu,A(2002)Polio Cases Rise in Nigeria As Vaccine Is Shunned for Fear of AIDS.15 June. British Medical Journal. 参见 http://www.bmj.com/cgi/content/full/324/7351/1414/a。(访问日期:2007.1.6)

⑦ CBS(2005)European Avian Flu Fears Lead To Drug Stockpiling.18 October. 参见 http://www.cbc.ca/world/story/2005/10/18/bird-flu-pharmacies051018.html。(访问日期:2007.1.6)

⑧ CSP(1998)Stop Squandering Antibiotics.28 May. 参见 http://www.cspinet.org/new/antibiot.htm。(访问日期:2007.1.6)

　　在全国范围内，健康正迅速成为一个议题。上面提到的所有困难通常都可以在英国找到。这个国家年轻人的健康水平很低，他们不可能比他们的父母更加长寿，而且肯定会比他们的祖父母寿命短。造成这种情况的原因是多方面的，包括个人健康状况差、饮食失调、药物滥用、缺乏锻炼以及一种认为所有的疾病都可以由国家卫生部门治愈的错误认识。尽管最近有所改善，但英国①许多医疗措施，落后于其他 OECD 国家。除此之外，全球变暖带来了热带疾病的复发②。

　　在地方和个人层面上，情况也大致相同。当地医生对预防的兴趣不大。从健康的角度来看，无论从心态、锻炼还是生活结构来看，在确保个体修复力建设方面的努力少之又少。这意味着，至少在英国，年轻人比他们的父母更不懂如何照顾自己，这明显不那么健康。因此，健康方面的修复力建设可以说也受到威胁。

　　在国际层面上，大型多边组织和联邦提供"政府"服务。他们在面对压力时对于修复力的建设，都没有特别好的声誉和经验。我个人认为，最有效的可能是 OECD 和 NATO 这两个组织。

　　在设置国家时，政府服务用来确保社会日复一日地持续运行。最好的情况是，政府成为社会平稳运转的"润滑剂"。在危急时刻，他们应该发挥作用，成为保障社会连续运行的基石。这一认识肯定是那些试图攻击国家的破坏分子早已意识到的。

　　2005 年 1 月，③英国发生了一起袭击事件，破坏分子对英国政府服务进行了信息基础设施的木马攻击。提高政府服务效率的一个有效媒介是电子政务。在一些国家，电子政务推进的速度很慢，之前处于引领地位的一些国家（例如英国④），其电子政务应用也有所下降。英国内政部有案可查的困难证明了国家部门的做法、过程和程序存在疲惫无力之感，而该部门应该是保

---

　　① Health at a Glance-OECD Indicators 2003. Briefing Note（United Kingdom）. 参见 http://www.oecd. org/dataoecd/20/47/16502649. pdf。（访问日期：2007. 1. 6）

　　② Chittenden, M（2006）Tropical Diseases Back As Europe Warms Up, Sunday Times, 7 January 2007.

　　③ Goodwin, B（2005）UK Critical Infrastructure Under Massive Attack. 16 June. *Computer Weekly*. 参见 http://www. computerweekly. com/Articles/2005/06/16/210416/ uk-critical-infrastructure-under-massive-attack. htm。（访问日期：2007. 1. 6）

　　④ eGov Monitor（2005）Q&A with Marcus Robinson, Accenture. 17 June. 参见 http://wwweGoVistRo. CON/NODE/1522/Primes。（访问日期：2007. 1. 6）

护英国基础设施的先锋队。修复力强的社会有赖于有效的政府服务①。

如果基础设施发挥不了作用,建立运转良好的社会服务部门将毫无意义。然而在英国,议会继续剥夺基础设施预算(例如诺森柏兰郡和诺丁汉郡)用来支持社会服务。这种做法本末倒置,说明工作重点带有政治偏向。

政府服务的修复力,当然还有一些地方政府的基础设施服务,正在受到威胁。前一章中已经注意到,没有有效防御组织来保护、防御关键基础设施和关键信息基础设施。

关键基础设施背景下的法律和秩序代表了许多理念。它代表了法律和秩序的持续存在与普及;代表了民主社会制定法律和维持秩序的持久能力;代表了执行法律和命令的能力;代表了社会同意受法律和命令管辖。关键基础设施方面,法律及秩序没有有效的国际地位。就是说,在国际范围内,没有专门涉及关键基础设施的协商条约、协定条约。但国际社会也进行了一些双边活动的尝试。例如,美国颁布了一些具有国际性的立法。

在国家层面,英国政府和司法部门之间的位置比较耐人寻味。许多有关关键基础设施的立法都与恐怖主义有关。有关反恐的立法已经削弱了自大宪章以来的许多自由。这导致司法机构与政府之间存在重大分歧,因为司法机构总是希望维护自由,而政府机构总是希望缩小立法权力②。恐怖分子获胜的能力很大程度上取决于对手应对袭击的能力。

在非对称战争中,当政府开始改变社会内部的生活方式以对抗预期或实际的威胁之时,恐怖分子就赢了。在技术时代,当国家正在伊拉克进行高昂战争的时候,其实要做的只是引进技术和剖析图、分析识别潜在的困难。法国和英国是欧盟成员,但从立法的角度来看,法国更为自由。何以见得?这必然是因为法国政府选择想要成为更自由的国家。如果一旦作了这个抉择,那么也就意味着法国同时将改变公民享受生活的方式,并且拟定相应的法律。这在许多层面上令人担忧。所引入的立法常常经过多番深思熟虑,

① The real Home Office failures. The Guardian. 2 May 2006 . 参见 http://www. guardian. co. uk/letters/story/0, ,1765297,00. html#article_continue。

② Porter H,The Future's Brown,The Future's Bleak,The Observer,24 September 2006. 相关评论参见 http://www. guardian. co. uk/commentisfree/story/0,1879864,00. html。(访问日期:2007. 1. 6)

且不得不经过多次修改。这只是一种对事件的下意识反应，而不是经过慎重思考后保护民族生活方式的好方法，也不是人们致力于维护社会价值观的反应。

在地方和个人层面上，对法律和秩序的信心往往比法律和秩序本身更重要。这就要求立法要有地方影响力，如关于关键基础设施的《民事应急法案》。该法案不仅易于理解，而且应用广泛。我们在认识和理解层面已有共识，但没有得到真正的、新的财政支持（例如，尤其是与伊拉克战争的开支相比）。

西方世界对知识经济与服务的重视高于产品制造，因此，人们可能难以理解为什么制造业也是关键基础设施。制造业给许多原材料或半成品增加价值，从而创造有用的产品，在此过程中增加了商品价值。这种价值往往是，但并不总是大于服务产品创造的价值。制造业增加了商品价值、雇佣了劳动力；从研究、开发和防御的角度来看，它拥有基于国家制造业基地的技术优势，所以它也具有国家层面的重要性。

在国际层面，制造业从高成本劳动力市场整体转向低成本劳动力制造中心。简单地说，从 OECD 国家向东欧、印度和其他远东经济体转移。关于由此对美国金融业造成的影响已经有人发表评论。

Peter Le Magnen 评论如下：

1997 以来，欧洲投资监测（由牛津情报机构代表安永公司进行研究和支持）收集到 17000 多个流入欧洲的外国直接投资（FDI）项目详情。

历史上，西欧一直是吸引这类投资的最大赢家。然而，过去 8 年间，投资流量向东部稳步转移：最初阶段向波兰、匈牙利、捷克等主流中欧国家转移。但在 2004 年 5 月又有 10 个国家加入欧盟之后，投资流量进一步向罗马尼亚、保加利亚和俄罗斯等国转移。

在投资不断增加的背景下，欧盟成员国和中、东欧的其他国家占了所有投资欧洲外国投资项目的 1/3。短期内（未来 2 至 3 年），这一趋势将继续。如果未来几年内上述国家的投资项目占所有欧洲投资项目的比例高达 40% 也不足为奇。牛津智能 CorpTracker 数据库识别的公司中近 35% 宣布未来将在中欧和东欧进行投资。现在某些领域，这个比例已达到或接近 50%——特别是在汽车行业和一般工业领域。CoprTracter 帮助政府机构和服务提供商寻找计划进军国际市场的公司，并助其快速进入市场。

受到研究和产品创新的推动,在新技术领域,"老欧洲"将继续吸引大量投资。随着每个工业部门或产品的成熟,向东转移的趋势将会加剧。这是因为降低成本仍然是公司维持或增加利润的主要驱动力。商业服务部门将继续是西方就业和投资的主要领域,但同样,随着这些过程的建立和成熟,降低成本的驱动力将导致某些职能向东迁移。

中长期

在中长期(5至15年)期间,随着远东的两个强国——印度和中国的本土企业进入全球化阶段,他们对西欧的投资将大幅增加,从而赢得西方经济体的市场份额。

中印企业的生产制造部门不仅可能落户新兴中欧市场,也可能落户摩洛哥、埃及、阿尔及利亚和突尼斯等北非国家。然而,西欧的主要经济中心在公司技术支持、销售、业务支持、研发(R&D)和本地化的建设以及关键的行政、总部职能方面依然是投资重点。英国将成为这类投资者的主要目的地。

查看不同市场预期竞争的活动类型,CorpTracker数据库支持上文描述的转移趋势。"绿地"活动正在向东移动,低成本服务功能也是如此。然而,较高的价值活动,如销售、市场营销、技术支持功能,仍然强有力地集中在旧欧洲。

投资公司产生的活动类型会有很大差异,取决于具体部门。比较欧洲的三个重要产业——汽车、商业服务和医疗技术——凸显了投资活动的一些关键差异。考虑研发投资这一项,医疗技术公司扮演着重要的角色。而在商业服务领域,销售和营销功能更为重要,而在汽车部门中则显得不那么重要[1]。

在国际、国家、地方和个人方面,东方对西方制造业基地的影响是严峻的。为此,如果没有制造业基地,没有受过培训的专业人员,从长远意义上,制造业附加值继续增加的希望微乎其微。

国家象征很重要。它给人一种地点归属感和认同感。世贸中心的袭击无须再过多置评。在伊拉克入侵后,人们用鞋底拍打着萨达姆·侯赛因的雕像,表明了人们对他倒台后的看法(至少最初是这样)。英国温布利国家

---

[1] Lemagnen, P (2005). *Steady Shift to The East*. 5 January. 参见 http://www.fdimagazine.com/news/fullstory.php/aid/999/Steady_shift_to_the_east.html。(访问日期:2007.1.6)

体育场推迟竣工的消息连续数月占领了英国报纸的新闻和体育版面。国际象征似乎没有什么关联。然而,这些是众所周知的国际象征:世界遗产地、南极、麦加、坎特伯雷大教堂以及梵蒂冈,上述这一切将我们所有人类定义为文明种族。塔利班对阿富汗三世纪佛教雕像的破坏就是一个恰当的例子①。国际象征物遭到破坏代表着国际之间缺乏凝聚力。因此,以协议约束敌对双方保存特殊的象征物,意义重大。

1899 年《海牙公约》第 27 条如下:

第 27 条:在包围和轰炸中,应采取一切必要措施,尽可能保全专用于宗教、艺术、科学和慈善事业的建筑物、历史纪念物、医院以及病人、伤员的集中场所,但前提是这些地方当时不用于军事用途。被围攻的人有义务用易于识别的特别标志表明这些建筑物或场所,且应事先通知攻击者。

这一公约在二战期间尤为重要②。

国家象征物非常重要。它们是一个民族、社会、地区的象征。国家象征物将人们团结在一起,且它们可以复兴并恢复。像巴塞罗那(西班牙)和纽卡斯尔(英国)这样多元化的城市,他们已经认识到需要新的图标来重新定义城市。人们已经普遍认同,温布利球场、纳尔逊纪念碑都以这样或那样的方式、形式来定义英国。国家象征物部分或全部的损失将会导致国民心理朝消极的方向发展。

我们回顾耶鲁大学的阿瓦隆项目③,可以看到在多个领域有必要对《海牙公约》进行更新和修正。即使有了更新,国际法如何处理对那些不受到国家成员认同的国家象征物的攻击? 这是当今世界频繁出现的问题。

从最早的时代起,能够在世界各地自由移动一直是人们不断寻求的权利。在约定的规则下取得通行的正式权利和自由运动的被承认在某种程度上是所有伟大文明的通用特征。这不应与大规模移民混淆,它们是不同的。大规模移民往往是非正式的,而通行权和自由的临时移动往往是正式

---

① Voices in Muslim World Decry Taliban Vow to Destroy Statues. 参见 http://www.tibet.ca/en/wtnarchive/2001/3/11_5.html。(访问日期:2007.1.6)

② 参见 ttp://net.lib.byu.edu/~rdh7/wwi/hague.html 和 http://en.wikipedia.org/wiki/Hague_Conventions_(1899_and_1907)。(访问日期:2007.1.6)

③ 参见 http://www.yale.edu/lawweb/avalon/20th.htm。(访问日期:2007.1.6)

的。护照是免费通行的通用文件①。甚至所谓的封闭社会也总会与世界的其他地方保持着某种联系——除非这些社会不是主动接受"文明"的社会，而是被外部世界所"隔离"的社会。商品和服务的自由流通已经定义了共同市场和自由贸易，并且至少在第二次世界大战结束后带来了世界贸易的增长②。

在国际上，海、陆、空运输系统的扩张彰显了政治稳定和开放的经济贸易协定。典型的例子就是欧盟和美国。两者不但在内部，而且很大程度上在外部也已消除了运输障碍。更封闭的社会、身处内战或与其他国家交战的社会通过交通系统关闭对外开放的联系，给自由移动与经商造成困难。因此，国际运输链的存在和保存很好地说明社会是否具备修复力。

在全国范围内，国家运输系统的状态也代表着国家的状态。根据定义，具有较强修复力的国家必须有良好的运输系统，当运输系统崩溃时，要有良好的替代系统。因此，英国交通系统各部分的压力引起了人们对该国自身修复能力的总体担忧。总是可以听到人们对于交通系统的失望：高峰时期的交通新闻公报、希思罗机场在圣诞节前夕无法应对大雾，人们再次怀疑③希思罗机场无法与史基浦机场竞争。英国几乎是欧洲唯一在圣诞节④期间关闭铁路系统的国家，从公路转铁路的运输能力只是一个白日梦⑤；无力组织完整的商船航运以维持贸易路线；英国完全依赖其他国家得以生存。还有，天然气管道上的互连器⑥以及运输系统的所有部件都面临压力。对于混合贸易国家来说，想要长期生存下去，这些都是令人担忧的征兆。这是增长和成功的问题，这样的论点完全是站不住脚的。已经有迹象表明，一些发展

① 参见 http://www.ucalgary.ca/~rosenede/passport/passports.html。（访问日期：2007.1.6）

② 各类信息参见 http://www.wto.org。（访问日期：2007.1.6）

③ 参见 http://www.worldtravelguide.net/news/2759/news/ Fog-causes-third-day-of-chaos-at-Heath-row.html。（访问日期：2007.1.6）

④ Heathrow Must be Allowed to Expand. 参见 http://comment.independent.co.uk/leading_articles/article37336.ece。（访问日期：2007.1.6）

⑤ Christmas Rail Chaos. 参见 http://skynews.typepad.com/my_weblog/2006/12/christmas_rail_.html。

⑥ Centrica (2006) Inquiry into the European Commission Green Paper A European Strategy For Sustainable, Competitive And Secure Energy. 18 April. 参见 http://www.centrica.com/files/reports/2005cr/files/EU_GreenPaper_response.pdf。（访问日期：2007.1.6）

中国家,为了维持增长,首先确保交通基础设施获得优先权①。

对于本地和个体来说,不依赖于道路系统的修复力而生存,这点值得特别关注。英国铁路和公共道路运输系统的私有化切断了许多社区之间的联系。20世纪60年代以来,大批人口的出行方式发生了变化:在特定的村庄、城镇或地区,不再有日常通勤的枢纽辐射运输系统和单位。在当今社会,个体在大城市之外的生活能力,其基础是由机动车辆和燃料的需求来定义的。因为人们的住处离工作地点太远,所以无法骑自行车或步行去上班。这样做完全没有抓住要领②。

水资源也许仅次于石油资源,成为国际冲突的缘由之一③。缺乏清洁水源影响社区发展是有据可查的,这一点我们可以在电视频道上反复看到。过去50年间,英国和其他地方的水资源分配和储存罐的所有权从公有制转变为私有制。水分配投资不再采用全民利益的税收制度,而是流入了反复无常的市场。

在国际层面,以下示例将凸显该问题:

> 我们100%依靠尼罗河而生活。如果任何人、任何时候,要剥夺我们的生命(水资源),我们会毫不犹豫地去打仗。
>
> Anwar Sadat 总统,1978

过去30年间,针对大众和专业媒体的一项调查表明,中东最有价值、最为重要的商品是石油。对区域战争升级的类似观察证实了沙特和以色列发生冲突的根源。然而,有观点认为,首先,中东最有价值的商品是水;其次,未来20年,水最有可能成为该地区和平稳定的威胁。

以色列控制黎巴嫩南部水资源的做法一直存在争议,沙特相信,勘探水资源比钻探石油更为重要,这预示着水资源可能在中东的政治平衡中扮演着非比寻常的角色。

中东是一个干旱地带,该地区超过50%的面积是沙漠,其余大部分只是拥有边际农业潜力的贫地。这里有4条具有重要国际意义的河流——尼罗河、底格里斯河、幼发拉底河和约旦河。而约旦河是一个不折不扣的角

---

① (Malaysia's) Developed Infrastructure. 参见 http://www.msc.com.my/xtras/ whymalaysia/infrastructure. asp。(访问日期:2007.1.6)

② Transport Choices of Car Users in Rural and Urban Areas. 参见 http://www.dft. gov. uk/stellent/ groups/dft_localtrans/documents/page/dft_localtrans_504026. hcsp。(访问日期:2007.1.6)

③ Hyslop, MP (1983) Fresh Water Conflict in the Middle East, MA Thesis, Durham University.

逐地。

大多数人口和食物供应集中在河岸、山谷或绿洲。在一定程度上，地下水资源缓解了部分干旱，但地下水在各州之间的分布很不平衡，也不遵循国际边界。

历史上，该地区的人口被残酷地分为沙漠游牧部落和肥沃山谷的定居者。大体上，这两个群体相互依赖、生活相对和谐。但是，新国家的出现打破了这种平衡。新国家的民族主义日益增强，使得关系失衡的进程加剧。水资源要么变得过度丰富，要么受到新边界的限制。不协调的人口增长以及工业、技术发展加剧了各国之间在水资源与需求上的差异。

一般而言，该地区各类用途的人均水需求达到每天 1000 毫升至 1500 毫升。对地区主要国家的调查显示，从 1984 年初起，以色列、叙利亚、利比亚、沙特阿拉伯半岛、埃及、伊拉克和土耳其就已经达到了这一临界水平。

水是生命的源泉。尽管技术进步日新月异，但进步以及分配上的改善不太可能延缓已经出现的临界局面。许多国家的经济发展依赖于不间断的石油供应。水的短缺遏制了石油和外汇的流动，因为水对矿物的提取和处理必不可少。因此，水资源可以说是当今中东最有价值的商品。

许多与水有关的历史以及当前和可能的冲突凸显了水对政治和军事的影响，主要集中在沙特阿拉伯半岛、以色列、埃及、利比亚、土耳其和伊拉克，仅举几例。

中东的稳定完全取决于组成该地区的所有国家的充足水资源供应，这种观点并不完全正确。显示临界水平的统计数据是开放的，人们对此的不同解释和有关水的政治声明可能更微妙多变。尽管如此，水供应仍然不足。

今天，竞争不是存在于沙漠和山谷之间，而是存在于城市和农村之间、宗派与宗派之间、国家与国家之间。殖民主义的遗产——国际边界，对此并无帮助。中东的一些强国，人口数量巨大并且还在不断增长。由于本国国界内并没有足够的可再生资源，因此现在就无法为其庞大的人口提供充足的水源，更不用说将来了。

埃及会入侵苏丹吗？在国际关系的一般运行中，这将是不可想象的。就像直到最近，以色列想要保留黎巴嫩的主要河流利塔尼河。历史上到处都是以同样简单的借口引发的军事入侵。在众多代表性的例子中，饥荒和人口压力就是两个原因。

需求的简单性不能被当前国际外交讨论或语言的弦外之音所掩盖。然而,与水有关的微妙关系不容小觑。中东国家复杂的政治、外交、经济、宗教和社会关系使得对水这样一个基本需求的讨论变得更为困难。

本文简短的叙述并不能解决什么问题,只是对这个复杂的主题好像蜻蜓点水一样轻略带过,这只是冰山一角。在中东地区,水仍然是一个潜在的"引爆点"①。

在国家层面,过去50年,英国水资源的所有权从公有转向私有。所有者往往不是英国公司。这意味着,在最基本的人类需求方面,即干净水源的供给,国家已经失去了"所有权"。不仅如此,英国水公司的分散性特点意味着没有整体的"国家"计划、"国家"水网,以及没有将水资源从丰富的北方输送到水资源短缺的南部的"国家"力量。如果在这之前,能够铺设国家天然气网,铺设全国性的水网,那么许多当前问题都将得到改善。与此同时,尽管英国食品和农村事务部、英国环境署全力以赴,控制水资源流失的能力下降这个问题被前所未有地掩盖。这仅仅是因为排水地和建筑环境有更多的径流,而控制它的资金减少了。由于越来越多的有害物质渗入,地下水的质量不断恶化②③。

废水通常不适合人类饮用。它主要为污水、工业废水、雨水径流和改变温度的海水。每一类废水都有影响修复力的能力。污水减少了河流吸收氧气的能力,并杀死了相关的动植物。工业废水污染了河流和海洋。自工业革命以来,在欧洲它的灾难性影响持续了几十年。在俄罗斯、印度、南美洲工业废水的副作用日益显现。暴雨径流将路上的石油化工产品、化肥、杀虫剂和农场肥料带入水道和地下水系统。来自陆地和近海的发电站的废水改变了水道和海洋的生态系统。最坏的情况是,诸如镉之类的化学物质会进入人类食物链,从而带来灾难性后果。我们需要对废水认真管理④。

在国际层面,废水对地球的破坏程度越来越高。废水是导致全球变暖、

① Hyslop,MP (1983) *Fresh Water Conflict in the Middle East*,MA Thesis,Durham University.

② Demand-side Management and Urban Infrastructure Provision. 参见 http://www. sussex. ac. uk/Units/gec/ph3summ/marvin3. htm。(访问日期:2007. 1. 6)

③ Public-Private Partnerships for Funding Municipal Drinking Water Infrastructure:What Are the Challenges. 参见 http://policyresearch. gc. ca/doclib/SD/DP_SD_PPP_200605_e. pdf。(访问日期:2007. 1. 6)

④ World Water Assessment Program:Case Studies. 参见 http://www. unesco. org/water/wwap/case_studies/index. shtml。(访问日期:2007. 1. 6)

物种灭绝、健康状况下降和多种疾病蔓延的原因之一。国际层面的废水管理对地球的修复力至关重要。

过去 30 年间，正是由于欧盟的立法，英国的废水管理才极大地得到改善。然而，许多问题仍然存在，尤其是地下水库遭到污染，河流、海洋中的鱼群受到侵害①②。

在地方和个人层面，废水管理不再作为一项职能或过程来管理。这已由其他机构来做。因此，将生活废水用于肥料以及将废水用于某些家庭功能的能力通常已经丧失或被人们所忽略。这反过来就要求有更多的淡水，压力又增加了。随着时间的推移，废水管理不善，加上全球变暖，将导致有害生物的进一步繁殖。

关于关键基础设施的清单我提出了两个补充项——人口和教育、知识产权。将"人口"列为关键基础设施，这看起来像是马尔萨斯主义者③的观点。有必要再次提到斯大林，他曾说过"数量本身就是一种质量"④。这句话的言外之意是，人口数量和类型对于任何社会都很重要。这是我们需要学习和理解的重要一课。

对于人口结构的阐释非常重要，赞比亚可能就是个最好的例子——艾滋病消灭了这个国家一半以上的年轻男性，毫无疑问，这是毁灭性的后果⑤。与之相对的是，比如像印度这样人口规模的国家，其每年计算机相关领域的毕业生人数比一些西方主要国家（例如英国）多了不止 10 倍，这意味着在未来某些阶段该领域的领导力将从西方转移到东方。

未来，将会有高水平的教育与同样高水平的知识产权发展。知识产权大致是高学历的结果，也可能是使西方经济生存的唯一特征。教育真的来自人口。受过高等教育的劳动力很可能组成一个高附加值的社会。在一些斯堪的纳维亚半岛的国家我们可以证实这一点。

在英国，现任工党政府于 1997 年在教育宣言的支持下上台执政。它已

---

① 参见 https://www.oecd.org/department/0,2688,en_2649_34311_1_1_1_1_1,00.html。（访问日期：2007.1.6）

② 参见 http://ec.europa.eu/environment/water/index.html。（访问日期：2007.1.6）

③ Thomas Robert Malthus. 参见 http://cepa.newschool.edu/het/profiles/malthus.htm。（访问日期：2007.1.6）

④ 参见 http://www.thecompleatstrategist.com/index.asp?PageAction=VIEWPROD&ProdID=968。（访问日期：2007.1.6）

⑤ Introduction to AIDS in Zambia. 参见 http://www.avert.org/aids-zambia.htm。（访问日期：2007.1.6）

经取得了一些进展——但令英国商界失望的是,英国的毕业生仍然有不少是半文盲、半数盲①。同一个论调听了 10 年——但没有真正的计划确保每个孩子离开英国学校时完全能够阅读、写作、算数并掌握 IT 技术。

事实上,本书付梓刊印之时,英国政府放弃了其 IT 目标。从本书希望提高修复力的目的来看,这是国家的耻辱。大多数公认的关键基础设施,以及人口和教育、知识产权这两个添加项显然正在受到威胁。由于政治、经济和社会的种种原因,我很难将它们描述为具有天然的修复能力。特别是在政治和经济层面上,来自不同来源的攻击受到了社会的密切关注。

上一章我们指出了各国的不同做法存在着一些不足之处,结合多数关键基础设施领域已知的困难表明,我们的政府对待这个问题的认真度还不够。它们是我们社会的重点领域。到目前为止,我们对关键中基础设施能经受住实际攻击或者恢复原状并无信心。话虽如此,我们不应低估情报机构在应对关键基础设施威胁方面的努力和突破②。

① Education,education,education. 参见 http://www. pkblogs. com/eureferendum/ 2006/12/educa-tion-education-education. html (访问日期:2007. 1. 6) and *STA- TISTICS OF EDUCATION——Education and Labour Market Status of Young People in England aged 16-18*:1992-1998. 参见 http://www. dfes. gov. uk/rsgateway/DB/ SBU/b000092/735-00. htm。(访问日期:2007. 1. 6)

② Report into the London Terrorist Attacks on 7 July 2005. 参见 http:// www. cabinetoffice. gov. uk/ publications/reports/intelligence/isc_7july_report. pdf。(访问日期:2007. 1. 6)

第五章
关键信息基础设施

到目前为止,我们关键基础设施的概念仍然有些模棱两可。在几乎所有涉及关键基础设施的文件中,关键基础设施和关键信息基础设施之间缺乏明确的界定。尽管两个术语并未互换使用,但仍然存在着大量重叠使用的情况。我们也已经罗列了所谓的关键基础设施通用列表,并通过关键信息基础设施得到了补充。本章旨在将关键信息基础设施放置于正确的语境之中。

了解关键信息基础设施所占的比例非常重要,因为比例意味着相对于其他关键基础设施的重要性有多少。实现此目的的方法之一是,了解关键基础设施对关键信息基础设施的依赖程度。

关键基础设施,在前文提到的通用列表如下:

- 金融;
- 能源;
- 食品供应;
- 健康;
- 政府服务;
- 法律和秩序;
- 制造业;
- 国家标志;
- 交通;
- 水;
- 废水;
- 人口;
- 教育。

其中每一项都或多或少地依赖于关键信息基础设施。这里没有必要重申在国家层面评论中的内容。着眼于前文对关键中基础设施提出的观点,我们可以说,在关键信息基础设施的联系方面,OECD 国家比其他国家更为紧密,因为关键信息基础设施在 OECD 内部比其他地方更为普遍。我们也看到,在金融、食品、制造业和交通领域,OECD 国家完全依赖于关键信息基础设施。这是显而易见的。

但是,为了清楚起见,必须指出的是,金融业的运行依赖于电子投资、商业和个人银行服务。食品的供应链取决于超市及其他销售点、再订购和"及时"加工系统。制造业取决于各种制造资源计划,而交通运输行业在很大程度上依赖于电子信息、票务和电子控制手段。

我们没必要将互联网引入这个等式。其他所有关键基础设施都严重依赖电子信息系统。现在它们多数依赖关键信息基础设施,只有在这种情况下,才有回到某种形式的手动替代方案的可能。但金融、食品、制造和运输业不属于这种情况,一旦关键信息基础设施崩溃,它们根本无法存活。

关键信息基础设施比其他基础设施都重要,因为其他所有基础设施都依赖于它们。因此,重要的是要了解关键信息基础设施行业的各个部分在保护自身和客户方面的先进性。我们在研究时发现,石油工业的经验值得借鉴。美国石油协会和英国石油学会[1](现在的能源研究所)[2]为他们的业务制定了一系列方法和标准。久而久之,这使得电气和电子设备的操作在危险的石化环境中做到了"真正安全"。关键信息基础设施的运营也有类似的方法要求。到目前为止,主要发展都集中在私营部门,除了在信息层面,国家或国际机构都没有对此进行协调。

关键信息基础设施可以分解为网络、主机、安全、硬件、软件等关键领域。主要国家设置多个官方机构以关注不同相关行业的表现。此外,还建立了一些公私伙伴关系、分享信息的国家和国际机制。下面是关键信息基础设施相关活动的回顾。

尚无专门负责关键信息基础设施的国际机构。我们已经提到了一些关注关键信息基础设施发展的国际机构。

在国际层面,国际电信联盟(ITU)[3]负责电信业务——但尚未扩展到互联网、计算机和信息安全。但是,这方面正在取得重大进展。

---

① 参见 http://www.api.org。(访问日期:2007.1.6)
② 参见 http://www.energyinst.org.uk。(访问日期:2007.1.6)
③ 参见 http://www.itu.int/home/index.html。(访问日期:2007.1.6)

美国有一家叫"Verizon"①的大型网络公司。Verizon 公司的官方网址并没有挂出关键信息基础设施相关的重要政策或观点,但它却负责整个美国通信网络的修复工作。他们的竞争对手也是如此。作为英国主要电信提供商——英国电信公司(BT),其官网②上记载关于关键信息基础设施或修复力方面的文章寥寥无几。英国电信公司总体上对修复力建设和维护提供了良性的建议,但有时候,就像曼彻斯特火灾事件③中那样,它可能因对自身网络的修复力缺乏认识而受挫。环球电讯(Global Crossing)④是一家提供国内、国际光纤和网络连通的大型供应商,但其网站上也没有关于关键信息基础设施保护的文章。

关于数据托管位置和可信人员等关键信息基础设施相关问题,整个行业为客户提供的建议也是屈指可数。太阳计算机系统公司(Sun Microsystems)⑤同惠普公司(Hewlett Packard)的做法非常接近,在自家的网站上提供了一些信息⑥。数据中心和服务器群在它们的网站上挂出这方面的信息也是寥寥可数。SunGard 公司⑦提供了许多有用的信息,是为了确保业务的可用性。中国主要服务器制造商浪潮(Langchao)⑧详细介绍了产品应对信息安全的措施而不是如何看待关键信息基础设施。由于中国的银行服务器⑨存在受到"网络钓鱼"攻击的隐患,显然它们需要谨慎地选择设备。

除 SunGard 等可用性服务公司外,Checkpoint⑩ 和 RSA⑪ 等安全公司在

① 参见 www. verizon. com。（访问日期:2007.1.6）

② 参见 www. bt. com。（访问日期:2007.1.6）

③ BBC News (2004) Fire cuts off 130,000 phone lines. 29 March. 参见 http:// news. bbc. co. uk/ 1/hi/england/manchester/3577799. stm。（访问日期:2007.1.6）

④ 参见 www. globalcrossing. com。（访问日期:2007.1.6）

⑤ 参见 http://onesearch. sun. com/search/onesearch/index. jsp? qt = Critical% 20Information% 20Infrastructure&charset = UTF-8。（访问日期:2007.1.6）

⑥ 参见 http://search. hp. com/query. html? lang = en&submit. x = 8&submit. y = 6&qt = Critical + Information + Infrastructure&la = en&cc = us。（访问日期:2007.1.6）

⑦ 参见 http://www. sungard. com。（访问日期:2007.1.6）

⑧ 参见 http://www. langchao. com/english/prodserv_is. html。（访问日期:2007.1.6）

⑨ 参见 http://news. netcraft. com/archives/2006/03/12/chinese_banks_server_used_in_phishing_ attacks_on_us_banks. html。（访问日期:2007.1.6）

⑩ 参见 http://search. checkpoint. com/search/? sp-a = sp090e5c03&sp-q = Critical + information + Protection。（访问日期:2007.1.6）

⑪ 参见 http://www. rsasecurity. com/programs/texis. exe/webinator/search/? pr = default_new & query = Critical + Information + Infrastructure&x = 15&y = 8。（访问日期:2007.1.6）

其网站上提供了大量相关信息。保险行业如 Marsh 公司①，会计师事务所如德勤（Deloitte）②（以及"四大"其他成员）等咨询机构也附有详细的信息。德勤和普华永道（Price Waterhouse Coopers）关于安全的年度调查已经成为行业的衡量标准。

关于硬件，人们有一个争论：是不是谁控制它，谁就具有控制硬件的最终能力？几乎每个路由器都是思科的产品，大多数芯片来自英特尔，许多个人电脑都是戴尔品牌。浏览它们的官方网站可以发现，它们并未完全参与关键信息基础设施的保护工作之中。然而，对许多人来说，它们就是关键信息基础设施。思科公司拥有自己的关键信息基础设施保障小组。浏览其官网可以发现，思科对该主题给予了适当关注——但可能没有达到国际上③对于关键信息基础设施机构所期望的广度和深度。英特尔基本上没有披露关键信息基础设施④的相关文章，戴尔⑤也没有。

关于开源软件、闭源软件的安全性和相关性，人们也有一个争论。我们可以在 Ross Anderson 教授的博客⑥及相关网站上跟进此讨论。后面的章节对此将会呈现更多的内容。世界主要软件提供商是微软公司。

微软公司关于国土安全的声明如下：

在微软，我们意识到预防、威慑和应对威胁国家安全的挑战是一项复杂而持续的事业。这需要智慧，一方面我们需要全面了解大局，另一方面我们需要结合知识和专业技能——每日解决多个机构之间信息共享的操作复杂性问题。

因此，我们认为无缝共享信息的能力对于保护我们国家安全及公民权利至关重要。信息技术独一无二地满足了在正确的地点和时间，向合适的人提供信息的现实需求，以便他们可以采取行动并作出重要决策。作为技

---

① 参见 http://www.marsh.co.uk。（访问日期：2007.1.6）

② 参见 http://www.deloitte.com。（访问日期：2007.1.6）

③ 参见 http://www.cisco.com/pcgibin/search/search.pl? searchPhrase = Critical + Information + Infrastructure&accessLeve = Guest&language = en&country = US&Sea rch + All + Cisco.com = cisco.com&x = 12&y = 14。（访问日期：2007.1.6）

④ 参见 http://mysearch.intel.com/corporate/default.aspx? culture = enUS&q = Critical + Information + Infrastructure&searchsubmit.x = 26&searchsubmit.y = 12。（访问日期：2007.1.6）

⑤ 参见 http://search.euro.dell.com/results.aspx? s = gen&c = uk&l = en&cs = &k = Critical + Information + Infrastructure&cat = ans&x = 4&y = 8。（访问日期：2007.1.6）

⑥ Ross Anderson's Web site/blog. 参见 http://www.cl.cam.ac.uk/~rja14。（访问日期：2007.1.6）

术的领导者,我们积极应对这一挑战。微软正在与合作伙伴和客户合作,提供动态路线图,积极主动地满足国土安全的要求。微软作为技术领导者的责任在于:

微软公司致力于帮助地方、地区政府以及联邦机构满足国家响应系统的要求。我们准备帮助这些机构发挥其潜在的预防、威慑和应对威胁的使命。作为一个负责任的行业领导者,我们迎接这一挑战。

全局意识

微软意识到,应对国土安全挑战并非从技术开始。相反,强大的技术使个人和组织——从警察、消防专业人员到情报分析员、海关官员——能够共享信息并成功运营关键业务。

动态的路线图

作为全球最大的软件公司,微软是通过创新技术将可能性转化为现实的领导者。凭借我们在企业界的经验,并学习世界级合作伙伴的实践经验,我们提供端到端的解决方案,且可扩展到地方、区域和国家层面。解决操作复杂性的问题,并满足可购性和可靠性的最终要求①。

微软公司还用 40 页的篇幅阐述其对司法和公共信息共享②的美好蓝图。然而,考虑到微软的规模和行政命令的条款(美国总统行政命令),理想抱负与现实(行业方案)之间似乎并不匹配。

我们应当适当考虑,防病毒和恶意软件公司对关键信息保护持矛盾态度!——因为如果关键信息基础设施真正安全,那么这些公司将会破产!这可能有失公允,它们肯定会如此看待——但观点就是如此。但是,这些公司的网站却包含大量有用的信息。

软件开发存在风险,由于我们对外部机构存在依赖,依赖的同时风险就会增加。我们通常无法控制外部依赖关系,因此缓解策略可能涉及从第二源获取必要组件的应急计划,或者使用依赖关系源来保持对状态的良好可见性并检测正在逼近的其他问题。以下是一些典型的依赖相关的风险因素:

- 客户配置的物品或信息;

---

① 参见 http://www.microsoft.com/industry/government/actingonthechallenges.mspx。(访问日期:2007. 1. 7)

② 参见 http://www.microsoft.com/industry/government/HLSinformationsharing.mspx。(访问日期:2007. 1. 7)

- 内部和外部的分包商关系；
- 组件间或组群间的依赖性；
- 训练有素、经验丰富的人；
- 从一个项目再次使用到下一个项目①。

当然，还有软件公司本身以及那些试图破坏代码的人。

联邦通信委员会（FCC）是一个独立的美国政府机构，直接向国会汇报。FCC 根据《1934 年通信法》创立，负责监管无线电、卫星和有线电视等连接的州际、国际通信。FCC 的管辖范围涵盖 50 个州、哥伦比亚特区以及美国控制的地区②。

在 FCC 网站搜索栏打入"关键信息基础设施"一词时，搜索到的与其最相关的文章是对禽流感流行的报道。

FCC 显然对关键信息基础设施修复能力本身的关注度不够。但是，其摘要里说明它应当关注。当然，这个论述未免过于简化，因为它与国土安全部有很多职能上的重叠。

正如第三章所述，美国国土安全部负责关键基础设施，另外，它在关键信息基础设施中的作用由 2002 年法案得以确定。相关部分如下：

信息分析和关键基础设施保护局副局长应：

1. 访问、接收和分析来自联邦政府、州及地方政府（包括执法机构）和私营部门实体的执法信息、情报信息和其他信息，并整合此类信息，以便：

（1）确定并评估威胁家园的恐怖主义性质和范围；

（2）发现和识别针对美国的恐怖主义威胁；

（3）认识因美国本土实际存在和潜在的弱点造成的威胁。

2. 对美国关键资源、关键基础设施的脆弱性进行全面评估，包括进行风险评估以确定美国境内特定恐怖袭击类型所呈现的特定风险（包括评估此类袭击成功的可能性以及应对此类攻击的可行性、潜在效力的各种对策）。

3. 整合相关信息、分析资料和脆弱性评估（无论是由该部门还是其他部门提供或制作的），确定该部门、联邦政府其他机构、州及地方政府机构和当局、私营部门和其他实体的保护和支持措施的优先事项。

---

① Wiegers, KE (1998) Know Your Enemy: Software Risk Management. Software Development. October.

② 参见 http://www.fcc.gov/aboutus.html。（访问日期：2007. 1. 7）

4. 根据第 202 条,确保该部门及时有效地获得履行本款规定的责任所需的所有信息,包括从联邦政府其他机构获得此类信息。

5. 制定全面的国家计划,保障美国的关键资源和关键基础设施,涉及的领域包括电力生产、发电、配电系统、信息技术、电信系统(包括卫星)、电子财务、财产记录存储、传输系统、紧急情况准备通信系统,以及支持此类系统的物理和技术资产。

6. 有责任与联邦政府其他机构协调,并与州及地方政府机构和当局、私营部门和其他实体合作,提出保护美国关键资源、关键基础设施所需措施的建议。

7. 管理国土安全咨询系统,包括:

(4)对与国土安全威胁有关的公共咨询承担主要责任;

(5)有义务与联邦政府其他机构协调,向州及地方政府机构、当局、私营部门、其他实体和公众提供具体的警告信息,并提供合理保护措施和对策的建议。

8. 查阅、分析并提出改进政策和程序的建议,以便在联邦政府内部以及联邦政府与州及地方政府和当局之间,分享执法信息、情报信息、情报相关信息以及与国土安全有关的其他信息。

9. 根据部门内部分析的信息酌情向其他负责国土安全的联邦政府机构、州及地方政府机构,以及负有此类责任的私营部门实体分发信息,以协助美国对恐怖袭击进行威慑、预防、先占或回应。

10. 与中央情报局局长和其他相应的情报、执法部门或联邦政府的其他成员协商,确定包括与执法相关信息的收集优先事项和战略。通过类似途经,代表部门讨论与收集恐怖主义威胁有关的信息要求和优先事项。

11. 与州及地方政府、私营部门实体协商,确保与对美国恐怖主义威胁有关、与执法有关的信息得到适当交流。

12. 为了保证:

(6)根据本法案收到的任何材料均受到保护,不得披露、处理,仅用于履行公务使用;

(7)根据本法案分享、保留和传播情报信息的权利,与根据《1947 年国家安全法》规定中央情报局局长保护情报源和方法一致。相关程序,类似司法部部长的权力机关关注敏感的执法信息。

13. 要求联邦政府其他机构、州及地方政府机构,以及私营部门提供有关美国恐怖主义威胁或局长指定的责任领域的其他信息,包括通过局长签订合作协议获取此类信息。

14. 与该部门首席信息官一同建立、利用安全的通信和信息技术基础设施,包括数据挖掘和其他高级分析工具,以便获取、接收和分析数据和信息,促进履行本款规定的责任,并酌情传播该部门获取和分析的信息。

15. 为配合本部门的首席资讯官,确保该部门制定或使用资讯数据库及分析工具——H. R. 5005-14。

(8)相互兼容,且与联邦政府其他机构的相关信息数据库相互兼容;

(9)以符合适用的联邦隐私法的方式处理此类数据库中的信息。

16. 协调培训和人员及相关因素的其他支持,包括该部门,提供给部门信息的联邦政府的其他机构、州及地方政府。或者是该部门提供信息的消费者,以便便于识别和分享他们日常职责中的信息,以及将该部门的信息最佳利用。

17. 酌情与情报界、联邦、州及地方执法机构、私营部门的要素进行协调。

18. 为该部门的其他要素提供情报和信息分析和支持。

19. 执行局长职位要求的其他相关职责[①]。

这里几乎没有可操作的"有趣内容"。关键信息基础设施部门的作用包括公共、私人实体之间的信息交流。然而,一直到现在,这方面的进展微乎其微。在新罕布什尔州达特茅斯建立了与I3P[②]有关的工作组,是向前迈出的一步。为了获得这些领域的实际运营进展,我们需要考虑各项基本举措,而不是自上而下的倡议。其中最著名的可能是纽约州 William Pelgrin 的计划[③]。

在欧洲,已经注意到 ENISA[④](欧洲网络与信息安全局)的作用不是操作层面的,因为操作角色留给了其他单位。如果研究想要确定欧洲实际上正在进行的操作运作,那么结果不免令人失望。我们已经看到出现了国家层

---

① 参见 http://www.dhs.gov/xlibrary/assets/CII_Act.pdf。(访问日期:2007.1.7)
② I3P 工作各项细节参见 www.thei3p.org。(访问日期:2007.1.7)
③ William Pelgrin 和纽约州项目参见 http:// www.cscic.state.ny.us/about/director/bio.htm。(访问日期:2007.1.7)
④ ENISA 作用参见 http://www.enisa.eu.int。(访问日期:2007.1.7)

面的倡议和战略协调,然而关于欧洲关键信息基础设施的共同方案却迟迟没有出来。欧洲电信标准协会(ETSI)[①]和欧洲电信标准组织(ETIS)[②]在电信领域发挥着作用,但这与关键信息基础设施的包容性方案并不相同。尝试用 ETR2A[③] 开发一种方案,但这种方法因主机的内部困难而遭到了失败。

英国关键信息基础设施的修复力建设工作可能是国家基础设施安全协调中心(NISCC)[④]的责任:

任何政府的基本作用都是确保危机时期社会的连续性。这通常涉及为基本服务和系统提供额外保护,使其能够抵御中断并快速恢复其原本职能。在英国,这些基本服务和系统被称为关键国家基础设施(CNI)。NISCC 的作用是最大限度地降低 CNI 受电子攻击的风险,而政府的其他部门致力于保护 CNI 免受物理攻击或自然灾害。

NISCC 成立于 1999 年,是着眼于政府内部贡献的跨部门中心枢纽。国防、中央政府政策、贸易、情报机构和执法各部门都会提供专业知识和工作。

英国大多数 CNI 由私营部门经营,而 NISCC 与众多公司密切合作——它们大多有强大的国际联系或为外资所有。CNI 问题超越了地理边界以及可以在世界任何地方暴发的问题。因此,NISCC 在全球范围内运作。

NISCC 没有监管、立法或执法作用。它力求通过 4 个广泛的工作流程实现其目标:

威胁评估。使用广泛的资源进行评估破坏和威胁。

外延。通过鼓励信息共享、提供建议和培养最佳实践来促进保护和保障。

响应。警告新的威胁;就缓和方案提供咨询;管理脆弱性披露;帮助 CNI 调查并从被攻击中恢复。

研究与开发。设计最先进的技术和方法,支持所有工作流程的工作[⑤]。

通信管理局(OFCOM)[⑥]是英国电信行业的独立监管机构。希望它会对关键信息基础设施产生一些影响。目前,它正在接受行业的融合,以及与自

---

① ETSI 作用参见 http://www.etsi.org。(访问日期:2007.1.7)

② ETIS 作用参见 http://www.etis.org。(访问日期:2007.1.7)

③ ETR2A 作用参见 http://etr2a.org。(2007.1.7 链接失效)

④ NISCC 作用和活动参见 http://www.niscc.gov.uk。(访问日期:2007.1.7)

⑤ NISCC 信息参见 http://www.niscc.gov.uk。(访问日期:2007.1.7)

⑥ OFCOM 信息参见 http://www.ofcom.org.uk。(访问日期:2007.1.7)

身取代的监管机构的融合。

美国人对关键基础设施、关键信息基础设施的理解有非常明确的核心思想，而英国人并不是那么清晰。英国的体系经常涉及制约、平衡的问题。然而，与其他国家的方法相比，英国缺乏关键信息基础设施保护的明确性和目的性。因此，相对来说存在这样一个弱点。如本书前面所述，英国将 NIS-CC 纳入 CNI 机构的决定与现代社会应有的背道而驰。

除英国外，OECD 多数国家都有类似的管理和监控行业的机构。涉及关键信息基础设施，它们在运营方面都很欠缺和薄弱。相对来说，所有机构都比较擅长发起公私伙伴关系和成立信息共享组织。

公私合作伙伴关系对关键信息基础设施的保护至关重要。这是因为大部分基础设施都在私营部门手中。然而，通过对 OECD 国家的调查我们可以得出结论，政府并没有采取积极的行动。政府几乎在所有情况下都充当促进者。考虑到关键信息基础设施的重要性，这并不是正确的做法。关键信息基础设施在公共、私有的语境下，通常理解的信息共享机构是计算机安全应急响应组（CERT）。在 OECD 各国，类似的机构都以某种方式普遍存在。

计算机安全应急响应组现已在 OECD 国家大量建立[①]。

以英国曼彻斯特大学为例，我们看一下它是如何运行的。

该团队提供：

- 安全事件的中央报告点：cert@ manchester. ac. uk。

- 计算机安全团队服务：计算机安全应急响应组，时刻准备提供有关计算机安全问题的建议和指示。

- 漏洞警报服务。我们目前订阅 Secunia 提供的一项服务，该服务向我们发送我们使用的产品已知安全漏洞的通知。我们已经注册了大部分在校园内使用的操作系统和软件包。如果需要，可以添加更多。目前，这些建议会发送给安全协调员，安全协调员将它们转发到 CERT 宣布邮件列表。该列表已关闭并进行了调整，如果您想加入，请与 IT 安全合作伙伴联系。

- 邮件列表讨论一般安全事项，参见 security-forum@ lists. man. ac. uk。这张清单对大学的任何成员都是开放的。请不要在这里发布敏感信息，如漏洞开发代码或用户名和密码。

---

① 欧洲 CERT 清单参见 http://www. enisa. eu. int/cert_inven- tory/pages/01. htm。（访问日期：2007. 1. 7）

- 与其他 CERT 团队联络：共享有关漏洞、预防方法和事故方面的信息。

MAN-CERT 与 JANET-CERT 有着极其紧密的合作。该团队的万维网页面是关于计算机安全的各个方面的原始文档和指示的宝贵集合。

◎ 事故响应程序

当 CERT 小组收到报告，指示我们一台机器出现问题或在某种程度上受到损害时，系统将采取以下行动：

报告记录存储于呼叫日志记录系统之中。CERT 成员将接到通知，相应团队将拥有该报告的所有权并处理它。

校园防火墙禁封其地址。这将防止机器对校外系统造成进一步干扰。机器的所有者或支持单位的地址范围将接到通知并要求调查和清理。CERT 团队可以就如何清理机器给出建议。如果是违反 IT 安全政策启动违纪程序，那么如果用户是学生，将通知用户的学校校长、学生、支持和服务负责人。

如果可能涉及违反英国法律，我们会通知警察。一旦收到机器被清洗的确认，校园路由器的屏蔽状态将被解除。

解除屏蔽的请求应当发送至 firewall-remove@lists.man.ac.uk。对此次事件完整的过程描述，以及随后采取哪些行动应对此次安全事故，我们有详细的记录。

◎ 报道事件

如果您的系统遭到安全威胁无法访问，可能导致系统或数据文件被非法读取或修改，先读这个，然后联系 MAN-CERT，如果注意到您的电脑有可疑行为，特别是针对另一个系统的行为，请按上述同样的步骤操作。

不要因为您不确定肇事者的身份，或者因为冒犯者的违纪行为不成立而延迟通知 MAN-CERT。CERT 团队在这种情况下的主要作用是"限制损害"，协助收集证据：我们将通知其他网站我们有被攻击的情况，或者请他们从自己的端口帮忙调查此次入侵，或提醒他们攻击会对您的系统造成伤害。在这个阶段，我们（或其他网站）对罪犯的身份不感兴趣，我们想做的是限制、修复已有的损害。若是此次事件其他网站没有直接参与，您系统的身份将不会透露给它们。

◎ 不请自来的电子邮件(垃圾邮件)

不幸的是,这种讨厌的邮件一直存在,并且似乎越来越多。不想要的电子邮件成为互联网(包括 JANET)的一个关注点,它们不仅消耗资源,而且给个人终端用户造成困扰。蒙哥马利学院(MC)的电子邮件团队已经实施了一项反垃圾邮件服务,文档还描述了 MC 采取行动阻止其控制下的系统被用于垃圾邮件的分布和检测。您可能希望咨询英国教育科研网络协会(UKERNA)文档,详细描述问题,然后讨论对付不请自来邮件的各种可能的措施。美国能源部下设机构 CIAC 发布了指导方针,强调过滤措施。接受垃圾短信的个人可能希望考虑电子邮件团队的建议。如果强烈排斥垃圾邮件(又名 UCE:不请自来的商业电子邮件),您可能希望读到关于反垃圾邮件的运动。

◎ 诽谤的材料

曼彻斯特大学一般规定第 15 条:禁止任何形式的不良或诽谤材料的流通(包括电子邮件)。任何违反这项禁令的实例都应报告给 abuse@ manchester. ac. uk,发送时请附违规材料的复印版和所有电子邮件标题。

◎ 为什么需要这么多安全措施?

我们经常问"为什么我除了密码外,还需要这么多的安全保障?"为了回答这个问题,不妨看下面的介绍。

网络相关的安全风险信息在这里是可用的。本文档根据拥有的信息类型以及服务完整性和重要性对联网个人计算机、工作站和计算机进行分类。它还建议 Novell 和 Unix 系统采用实际步骤,确保其服务完整性的水平与所提供服务的类型相当。

更多关于如何确保工作站或个人电脑安全运行 Linux 系统的一般信息可以在这里找到,由 Unix 的专家团队 Simon Hood 提供。更详细的信息可以在这里获取。人们运行 UNIX/Linux 系统,至少应该在机器联网前阅读重要的章节。

保护过时("遗留问题")系统需要特殊处理,在这里有描述①。CERT 可

---

① MAN-CERT 全文信息参见 http://www. itservices. manchester. ac. uk/security/computeremergencyresponseteam/index. htm。(访问时间:2007. 1. 7)

以在任何类型或规模的社区运行——甚至可以覆盖整个国家。

英国的 NISCC 已经引入了 WARPs,即警告行为与报告事项。这些事项有利于政府、私营部门提供有助于保持网络安全的信息。引自 NISCC:

WARPs(警告、建议和报告事项)是 NISCC 信息共享战略的一部分,旨在保护英国关键信息基础设施免遭电子攻击。已经证明 WARPs 在提高信息安全方面是有效的。它不仅可以激发警报和警告的良性沟通,提高人们的意识和教育,还可以鼓励人们报告事件。再有,成为 WARPs 的一员可以减少维持安全的成本。

有关 WARPs 的四部分描述如下:

- WARPs 介绍;
- WARPs 策略;
- 新闻中的 WARPs;
- 行为中的 WARPs。

NISCC 在信息保障中央主办局(CSIA)的协助下建立 WARPs 是为了促进信息共享。这种援助以 WARPs 工具箱的形式免费提供给合格的组织或社区,方便它们要建立自己的 WARPs。

有了 WARPs 工具箱,您可以:

- 获得帮助,建立一个 WARPs 商业案例;
- 阅读指南、案例研究和参考文件;
- 下载可定制的文档、演示文稿和电子表格;
- 下载出版物,您可以重复使用;
- 获得软件帮助建立并运行一个 WARPs。

更多关于 WARPs 工具箱的信息或对创建 WARPs 感兴趣,请联系 enquiries@ warp. gov. uk。

◎ WARPs 介绍

WARPs 成员同意在社区内一起工作、共享信息来减少信息系统被破坏的风险,以此降低组织的风险。这种共享社区可以基于业务部门、地理位置、技术标准、风险分组或任何商业意义的原则进行建立。

WARPs 可以提供给成员效率更高、成本减少效益更好的安全保障:

- 信任的环境;
- 安全信息过滤;

- 获得专家建议;
- 早期预警威胁;
- 战略决策支持;
- 提高意识。

WARPs 工具箱网站除了提供所有上面列出的好处,还支持开发和提供三个 WARPs 核心服务:

过滤预警服务——成员仅接收与他们需求相关的安全信息,需求是由在线打钩列表中选择的类别决定的。这些类别涵盖与漏洞和修复相关的警告和建议、威胁与事故以及良好实践。

咨询经纪服务——会员可以学习其他成员的行动和经验,他们可以通过使用仅限于 WARPs 成员的公告板分享的信息服务。主题可以是为成员增加价值的任何东西,例如补丁管理、训练、供应商/产品评估、安全意识。

信任共享服务——报告是匿名的,所以成员可以从对方的攻击和事件中收获经验,而不用担心尴尬或受到指责。

WARPs 策略

WARPs 为其社区提供警报和漏洞预警服务,尤其针对社区量身定制。这可以避免每个成员对数十个来源进行重复分类,甚至避免更糟糕的结果——没有时间来监控正在发展的威胁。WARPs 还为社区提供了有限的帮助服务台,以满足社区成员的专业需求和知识构建。它还提供了可信的需要报告的焦点事件和袭击,帮助找到处理这个问题的援助或合作伙伴。这些报告将对成员很有价值,只需对这些报告进行精简和匿名之后,再与其他社区分享可以同样有价值,这将鼓励互惠的信息共享模式。

可以由有能力和热情的人员来设立 WARPs,为他们的社区服务,无论这是一批小企业,一个特定的行业协会还是当地社区。

这个理念特别适用于当地政府组织,它可以应用在很多方面。WARPs 可以是连接和支持一批当局的机制。WARPs 可以用于支持一个地方或区域当局的分散因素。WARPs 可以给当地社区的公民提供其服务。

这样做的好处有很多,包括能够实现新电子攻击威胁和漏洞的早期预警、事件信息的可信共享、互换的最佳实践;增加、处理问题的协作、用户意识和教育的提高,以及使用基于互联网的服务时拥有更多信心等。

WARPs 和 CERT 最大的优势来自他们都愿意相互合作,分享经验、知识和信息。NISCC 鼓励和支持这一过程。

下面的文章描述了在 NISCC 信息共享策略语境中的 WARPs。

WARPs 和信息共享

NISCC 同样与其他组织如信息保障咨询委员会(IAAC)密切合作,促进信息共享和 WARPs。下文由 IAAC 出版的关于高级管理系列简报,标题为《信息共享:改善风险管理的"轻易之举"》(2003 年 7 月),从而使得 WARPs 成员能够更有效地解决风险管理问题。

从实践的角度来看,人们已经意识到管理关键信息基础设施并不容易。"9·11"事件之后的曼哈顿市区联盟、鲁丁管理公司(Rudin Management)的 John Gilbert [1] 从另一个视角来看待关键信息基础设施管理。他们的答案是从"智能"建设的角度看待整个问题,即从首席财务官、房地产和成本预算的角度分别来看。他们不完全同意国土安全部的一系列观点,因为他们已经在"智能"建设中开发出一种新的修复力构建方法,而不是恢复或连续性计划。在无线技术领域,他们建议 WiFi 网络用于一般便利使用,而 Wi-Max 网络专为修复力构建使用。他们鼓励客户为其从建筑出来"第一英里"的网络连接负责,而不是电信的到达建筑的"最后一英里"方案,这些正在改变传统思想。

总体而言,关键信息基础设施的主题,正如它本身就非常吸引人。同样有趣的是它们在不同的环境中表现不同,处理方法也各异。Dunn 和 Wigert (2004)将他们的手册命名为《国际关键信息基础设施》,但书里大部分是关于关键基础设施。但是,他们的大方向是正确的。因为这两者存在依赖关系,几乎所有的关键基础设施都依赖于关键信息基础设施。之前已经注意到,关键基础设施往往是国家的,而关键信息基础设施往往是跨国的。据了解,众多涉及全球基础设施的网络、硬件、软件和安全提供商都常驻在美国。国际、欧洲和国家层面的电信标准机构对该主题有一些兴趣,但不如它们对电信本身的兴趣。国家监管机构也尚未真正掌握这个问题。虽然已经建立

---

① Hyslop,MP (2004) Conversation with John Gilbert,6 December 2004.

许多公私合作的合作关系,也建立了许多信息共享计划,但其实并不发达。当倡议形式是通过自下而上而不是自上而下之时,关键信息基础设施项目通常会运行良好,CERT 和 WARPs 正是如此。

　　总的来说,这还是相当困惑的局面。涉及修复能力或修复力构建时,无论从理论还是实践的角度来看,我们并没有看到特别清晰的方案。

第六章
影响关键基础设施的因素

　　影响关键基础设施的因素有很多,诸如社会、技术、环境、法律等。合理的观点认为,任何因素都会对关键基础设施产生影响。就社会、技术、环境方面我们将探讨关键基础设施相关的若干现实问题。法律方面着眼于两部法律:美国《爱国者法案》和英国最近的《民事应急法案》。关于风险管理,笔者也作了一些评论。

　　联合国认为,不平等是我们这个时代的主要社会问题:

　　《2005 年世界社会状况报告》于 8 月 25 日正式发行。该报告对世界范围内持续存在且日益加深的不平等现象给予警告。报告重点关注正式经济和非正式经济之间的鸿沟,技术工人与非技术工人之间,健康、教育领域,社会、经济和政治参与机会等方面日益扩大的差异。

　　《2005 年世界社会状况报告》侧重于不平等的国际方面。正如《哥本哈根宣言》10 年执行情况审查所强调的那样,社会发展的许多领域(例如,获得健康和教育)都存在发展不平衡的问题,其他方面也严重退化(例如,不平等和社会融合)。分析这种状况的根本原因,我们发现了几个突出的问题。其中一例是,世界峰会期间,哥本哈根作出社会发展的承诺,特别关注平等、公平和社会正义领域的进步。近 10 年来,我们对此的强调减少了。

　　不平等的实际趋势以及近 10 年来不平等本身不断变化的性质都要求我们进一步深入分析。因此,《2005 年世界社会状况报告》的主要假设是,公平和不平等的问题现在已经变得如此重要,以至于它成为发展议程中的艰巨任务。除了其他因素,不首先解决社会分割问题,那么不平等程度将不断提高[①]。

---

　　① UN (2005) *Report on the World Social Situation.* 参见:http://www.un.org/esa/ socdev/rwss/ rwss.htm。(访问日期:2007.1.7)

除了不平等这一主要观点之外，我们注意到世界各地对关键基础设施的接受程度也不同。这也是一种不平等，但只是部分不平等。这是因为不平等本身并不总是被视为不平等，有时它是平等的另一种形式。有人认为没有人可以访问这些关键基础设施。例如，一个最困难的社会问题是如何处理两种观点的分歧。一种是民族国家，但又是安全执政的 OECD 国家；另一种是非民族国家，遵循宗教基本原理的伊斯兰教社会。平衡这两种社会方案是我们这个时代面临的一大挑战。

即使承认全球变暖确实正在发生，人们仍然对此有争议。全球变暖是由于自然原因还是人类活动引起的，这并不十分重要。全球变暖对关键基础设施的影响是深远的。查看以下常见列表可知，即使是相对较小的温度变化，也会导致某些令人震惊的后果。其中一些我们已经提及，大多数已经全部或部分被事实证明：

- 金融伦敦城洪水泛滥；
- 能源电机发生故障，核电站洪水泛滥；
- 食品供应收成减少；
- 健康新疾病；
- 政府服务承受压力；
- 法律和秩序承受压力；
- 国家形象受损；
- 交通中断；
- 水稀缺，在错误的地方；
- 废水污染；
- 人口在错误的地方；
- 教育中断。

总的来说，我们应该关注技术对关键基础设施带来的积极影响。在帮助修建伦敦防洪堤时技术得到了有效运用。过去 20 多年间，伦敦和纽约一直没有受到洪水的侵袭。技术也提高了发电站的效率，减少了污染。由于技术的力量，农业产值有所增长。通过技术，人们的健康得以维持，治疗疾病新方法也日渐增多。得益于技术进步，法律和秩序部门系统进一步优化，从而工作效率得以提升。更多的人，特别是边远地区的人们，可以看到国家形象。交通运输从技术中受益匪浅，仅举几个明显的例子——燃油效率的提高，安全性的提升以及污染的减少。又由于技术的进步,更多的人喝上了饮用水,人们可以更有效地处理废水,接受更好的教育,获得更多的信息;教育从来没有像现在这样大规模地普及。这就是当今社会。

但是,我们对未来也要保持警惕。创造什么样的新事物才能真正推动时代的发展?理解能力、数据分析能力的提高是否增加了技术进步带给未来的机会,就像过去100年世界因技术革命而转变一样?两个例子就足以让人停下来思考。第一个是1923年出生的人,他在最初的80年里经历了汽车、电话、电力、航空旅行、太空旅行、抗生素、计算机和遗传学的广泛应用。而他的父亲对这些事物一无所知。从统计数据来看,他的寿命可能超过他出生于1954年的儿子,儿子在头50年里看到的东西他的父亲都已见识过。事实上,那些出生于20世纪初的人口在他们一生中可能看到的变化比后代多得多。第二个是新药物。为什么大多数好药在没有统计分析和计算机的帮助下就能发明出来?事实上,新药的发明速度已经放缓。这些例子对于关键基础设施的未来修复力来说并不是一个好兆头①。

2001年美国的《爱国者法案》是一个具有域外范围的美国法律。对其他法案的评论在本书的其他地方已经作出。这里注意到美国立法对非美国个人和组织也将产生影响。以下是来自Joseph Tompkins关于这一主题向国际货币基金组织汇报的文件结论:

首先,该法案的性质非常广泛。虽然美国金融机构、个人将直接受到影响,但该法案对非美国银行和个人也具有重大影响。法案赋予美国金融机构获得广泛的新的信息收集义务,这对非美国金融机构产生了间接影响,使得所有受影响的机构和个人新增了大量成本。该法案还赋予了美国政府官员新的、前所未有的调查和执法权力,不仅可以调查涉及恐怖主义活动,还可以调查涉及洗钱及其他各种犯罪。

其次,该法案正在进行中。它包含许多模棱两可的条款或在实际应用时美国政府官员有很大的自由裁量权。部分不确定因素将由财政部和其他行政部门机构发布的条例、指导解决。其他含糊不清的问题必须最终由美国法院解决,或者可能通过国会澄清立法来解决。与此同时,受该法案影响的人必须勤于努力遵守其规定,而且也要保持警惕,确保该法以公平、与基本权利保持一致的方式实施。负责行使根据该法案给予他们的新权力的政

---

① Cuatrecasas,P (2006) Drug Discovery in Jeopardy. 1 November. The Journal of Clinical Investiga-tion. 参见 http://www.pubmedcentral.nih.gov/articlerender.fcgi? artid=1626142。(访问日期:2007.1.7)

府官员,希望明白他们的权力必须以公平和负责任的方式进行。否则就会不攻自破,不仅是因为眼前的任务,而且也是美国《爱国者法案》旨在保护的基本自由和原则①。

可能关于英国国家关键基础设施最重要的立法是《民事应急法案》。业务连续性研究所的吉姆·比瑞特斯(Jim Birtles)评论如下:

在英国,地方一级的所有民防活动都是由 1948 年的《民防法》赋予的。这项立法已经确定当地应急人员应该为外国势力的"敌对攻击"做好准备。随着冷战的结束,这种威胁逐渐消除,近年来当地应急人员的工作一直集中在为局部洪水和重大交通事故等民间紧急事件作准备。《紧急权力条例》以 1920 年《紧急权力法》为基础,该法案彼时规定了为社区提供生活必需品某些服务和资源为紧急情况。显然,1920 年法案已经过时,未能反映当前英国面临的威胁(例如,1920 年法案未涵盖恐怖主义威胁或对环境的威胁)。

背景

在 2000 年秋冬季燃料危机和严重洪灾之后,副总理对时下的应急计划安排进行了一番回顾。这包括公共、私营部门代表进行的公开磋商。除了正式的 BCI 存在外,许多 BCI 成员作为正常职责的自然延伸也参与了这一过程。

审查加强了政府的观点,即现有的立法对现代民事保护工作来说已经过时,需要制定新的立法。新法例的制定是在就条例草案进行的一次公开协商后提出的。这项工作在 2003 年 6 月至 9 月这个时间段进行,其中提出了两项议案,分别是在地方一级建立新的民防工作框架,以及使用特别立法措施的新框架。随后联合议会委员会审查了由此产生的法案草案。根据进一步磋商和委员会的建议进行修正后,该法案于 2004 年 1 月提交议会。在制定法案的同时,内阁办公室实施小组与包括 BCI 在内的一些主要利益攸关方密切协商,政策制定过程开放、全面。法案于 2004 年 11 月 17 日由议会通过,并于 11 月 18 日获得皇家同意,成为 2004 年《民事应急法案》(以下简称法案)。该法案于 2005 年 4 月生效,从 2005 年 9 月开始实施和审计,实施允许期限为 6 个月。但是,BCM 推广义务要到 12 个月之后,即 2006 年 4 月

① Tompkins,JB (2002) The Impact of the USA Patriot Act on Non-USA Banks. Inter- national Monetary Fund Seminar on Current Developments in Monetary and Financial Law. 7-17 May. 参见 www. imf. org/external/np/leg/sem/2002/cdmfl/eng/tompki. pdf. (访问日期:2007. 1. 7)

才会执行,届时整个法案将受到全面审计和执行①。

回顾第三章至第五章的评论我们可以预期,美国和英国政府将会特别重视解决某些关键基础设施缺陷的特定问题。这样说可能不公平,但似乎与立法计划有很大关系,而不是切实、真正解决主要关键基础设施领域的问题。当然,其中一个问题是,许多关键基础设施,特别是关键信息基础设施,不再由政府掌控。

美国和英国等国家政府近年来采取行动,在一系列臭名昭著的私营企业财务丑闻之后,提高了公司治理标准。因此,美国实施《萨班斯—奥克斯利法案》,提出一系列公司治理建议,金融服务管理局②提高了警惕。在英国,出现了各种英国治理报告③及欧洲委员会对信息安全的关注,所有这一切都是为了改善、提升公司治理和高级管理层的管理责任。这将导致政府对企业监管控制的增加。

这种治理和监管也会影响银行业。银行与公司治理和财务会计标准紧密相连。他们有监测与经济犯罪有关的交易的额外负担,特别是涉及毒品洗钱。巴塞尔银行监管委员会④基本确定了国际银行的运作标准。所有信誉良好的银行都与委员会有联系。

《巴塞尔协议 I》(1988 年巴塞尔协议)规定了银行及其他金融机构的监管框架,以保护潜在的损失,特别是规范风险加权资本比率的规则。这个比例大致设定为 8%。换句话说,银行的资本不应低于其风险加权资产的 8%。

《巴塞尔协议 II》⑤比《巴塞尔协议 I》更为成熟。它对信贷和市场相关的风险更为敏感。该协议首次涉及操作风险:"风险损失来自内部流程、人员或系统的失败或不足,或者来自外部事件。"

资本必须能承担这些风险。如果风险得到妥善管理,则需要较少的资金。

---

① Courtesy of Jim Birtles,FBCI. 参见 http://www.thebci.org/ccact.htm。(访问日期:2007.1.7)

② FSA 是英国所有金融服务提供商的监管机构;英格兰银行对系统性风险负有责任。更多信息参见 http://www.fsa.gov.uk(Accessed:7 January 2007)and at http://www.bankofengland.co.uk。(访问日期:2007.1.7)

③ 总结参见 http://learningmatters.com/dwn/21397/21397ref0.html。(访问日期:2007.1.7)

④ 更多信息参见 http://www.federalreserve.gov/generalinfo/basel2。(访问日期:2007.1.7)

⑤ 更多信息参见 http://www.pwc.com/extweb/industry.nsf/docid/0DE78A7E597CB7B985256EFF00571250。(访问日期:2007.1.7)

该协议不是强制性的,但是:

- 欧盟(EU)非常支持这一协议,并期望所有银行和投资公司都能遵守;
- 美国联邦储备局预计前 11 家美国银行将遵守,其他银行则有望遵守。

《巴塞尔协议Ⅱ》将通过风险资本指令(CAD Ⅲ)在欧盟实施。该协议可能会对欧洲和美国的影响最大。

《巴塞尔协议Ⅱ》的最大影响将显著增加合规成本。总成本估计在 0.5 万亿美元到 1 万亿美元之间,每家银行的平均支出约为 5000 万英镑。与此相反,必须看到遵守合规(良好声誉)的好处,以及所需资本比率可能将降低。

2002 年美国《萨班斯—奥克斯利法案》[①]是针对一系列治理丑闻而推出的。主要驱动因素是围绕安然(Enron)、世通(WorldCom)和泰科(Tyco)的财务管理及其他问题而产生的。虽然《萨班斯—奥克斯利法案》显然是美国有史以来最完整的企业反犯罪的法律,但目前尚不清楚企业该如何遵守。值得注意的是,该法案也将目标锁定在国际影响力。法案要求美国海外子公司能够遵守,在美国的外国公司或与美国有联系的子公司也要求遵守该法案。如果他们与美国证券交易委员会有报告义务,则尤其如此。对于在各种证券交易所上市的公司也很重要。

《萨班斯—奥克斯利法案》涵盖了公司治理的所有方面,特别针对财务报表、审计要求和董事会控制。

《萨班斯—奥克斯利法案》不仅影响所有美国公司及其在国内外的子公司,而且影响所有拥有美国子公司的外国公司、与美国母公司或子公司打交道的外国公司,也会影响向美国证券交易委员会有提交报告义务的所有公司。目前,它具体影响市值超过 7500 万美元的所有公司。对于违法行为,高级管理层面临的惩罚是监狱(最多 20 年)或巨额罚款(最高 500 万美元)或两者并罚。

虽然《萨班斯—奥克斯利法案》的主要影响显然集中在金融控制上,但该法案的目标范围更广,部分原因是企业的所有方面都与财务有关。因此,人们已经写文论述《萨班斯—奥克斯利法案》对旅行、健康和安全的影响。

---

① 参见 http://www.soxlaw.com。(访问日期:2007.1.7)

在某种程度上，《萨班斯—奥克斯利法案》是许多人加入的"时髦玩意儿"。然而，关键一点在于联想到欧洲（英国）当前和拟议的公司治理变革、《巴塞尔协议Ⅱ》以及欧洲信息安全委员会标准关注点，《萨班斯—奥克斯利法案》代表着企业治理标准的根本转变。

《萨班斯—奥克斯利法案》第404条涉及内部控制的管理评估。由于大多数管理信息和财务信息现已数字化了，因此信息系统和电信将有助于而不是破坏合规性，认识到这一点十分重要。

该法案已经造成了一些有趣的负面影响，笔者将在别处论述。

会计、治理和报告标准发生一系列重大变化，这些正在影响着全球的公司。此外，根据《巴塞尔协议Ⅱ》，影响银行操作风险评估的变化即将到来，这将影响企业与银行的互动方式。所有这些变化都会对电信和信息技术要求产生影响。此外，全球正在实施新的会计标准。

由于欧盟希望引入一个共同的资本市场①，所以他们呼吁共同的金融语言。该语言就是国际会计准则，由国际财务报告准则解释。

从2005年开始，欧盟境内所有上市公司（在欧盟监管的证券交易所上市）都必须根据国际财务报告准则编制合并财务报表。这些公司将无法再根据国家标准开设账户。除欧盟成员国外，目前有70多个国家允许、要求部分或全部国内上市公司使用国际财务报告准则，或宣布计划这样做。这样的公司约有7000家，其中2500家在英国。

企业无权选择采用哪种标准。上市公司必须采用整个国际财务报告标准。对于其他公司来说，这是一个可有可无的选择。财务报表符合国际财务报告准则的实体，必须在其账目附注中明确无保留地说明此类遵守情况。除非财务报表符合各项要求，否则它们不得被描述为符合国际财务报告准则。

国际会计准则委员会，目前正在讨论针对小型和非公共责任实体的小型实体财务报告标准的国际版本。

任何符合上述定义的公司都需要在2005年1月1日之后，使用国际财务报告准则编制合并财务报表。采用国际财务报告准则成为企业运营的一大成本。在大多数情况下，采用国际财务报告标准的这一过程应该已经开始。然而，研究表明，许多公司在实现这一目标方面进展缓慢，甚至毫无

---

① 关于IFRS更多信息参见 http://business.timesonline.co.uk/section/0,16649,00.html。（访问日期：2007.1.7）以及 http://www.ifrs.co.uk。（访问日期：2007.1.7）

进展。

监管变化对关键信息基础设施修复力和恢复力的影响可归纳为：

- 可能需要采取这些措施：
- 新的软件系统；
- 对硬件系统的审查；
- 与客户用新的方式沟通；
- 新的风险评估和依赖关系。

从电信和 IT 角度来看，常用检查列表包括：

- 影响评估；
- 风险评估和依赖性审查；
- 合同审查，包括责任审查；
- 系统和融合审查；
- 所需的容量和能力；
- 报告、数据保留。

这样的核对清单意味着需要战略性集成化系统、强大的电信基础设施、业务连续性计划和灾难恢复计划。这些举措可能会增加对企业修复力的行动。大多数风险管理工具都是追根究底地编写的，换句话说，它们会问你很多问题，然后告诉你要去做什么。

依赖关系建模提供了一种捕获组织模型的方法，由此可以发现各种可能无法预料的漏洞、测量风险，并帮助减少漏洞以消除最严重的问题，从而降低风险。

股市禁忌不确定性，因为风险总是压低了价格。它们更喜欢不确定性的重要新闻——甚至是坏消息，而不是不确定性。从最早的时候，不确定性是人类面临的最大问题之一。人类通过作出决策来实现确定性，而不确定性使决策过程陷入瘫痪。不确定性促进了讨论、争论，甚至冲突的发生。

历史学家已知，一些最古老的文字记叙是关于人类与不确定性的斗争。从供奉牺牲来祈求收成，再到市场研究和经济模型等更多的科学手段，几千年来人们已经创造了许多方法来尝试处理不确定性。

风险管理关注的是未来可能导致组织崩溃的不确定性。它是现代管理中最重要的学科之一，但人们却对此知之甚少。它关注的是统计数据和不可预测性，但大多数管理人员——甚至许多训练有素的科学家——都没有在直觉层面掌握统计行为。

在潜意识里，我们都会将一场重大灾难的小概率与一场小灾难混为一谈。

组织的正式部分是最常被强调的。这些是我们作出决定也是可以控制的部分。尽管我们最多只能部分地控制它们，我们有时仍会将它们称为组织的可控部分。它们包括我们的使命、组织结构、招聘政策，以及使用的系统、购买的硬件、提供的培训、执行的程序等。

但还包括我们事实上不能控制的因素，如国家罢工、设备故障、发生火灾、天气状况、人性弱点等。这些不可控制的事物，每个都影响许多商业功能。它们不仅可能单独发生，而且可能组合起来一起发挥作用。当然，组合的数量是巨大的。

这些无法控制的因素让我们感到不适和无助，因此多说无益。然而，地球上的每个组织都容易同时受到出现问题组合的影响。但作为风险分析师，我们知道我们全然依赖于我们很少或根本无法控制的事情。这些事情构成了我们继续运作所必需的运气。我们的工作是安排事情，以便尽可能少地依靠这种运气。这引出了以下定义：

- 风险对我们无法控制的事物很敏感；
- 风险管理是理解和降低我们对无法控制的事物的敏感性的科学。

掌握风险通过理解依赖关系，了解我们为什么依赖于我们无法控制的事物。

组织的正式部分可以看作它受到无法控制部分的不断攻击。风险管理是关于设计前者对后者的最大修复能力。虽然我们无法控制根本原因即不可控部分，但是通过管理组织内的依赖关系，我们可以更好地控制这些影响。

相互依赖关系对于特定组织而言是独一无二的，只有通过处理该组织中的实际关系，才能真正做些有价值的事情来理解、管理和降低风险。开发依赖关系建模是为了在高度可视化的模型中捕获这些相互依赖关系，以便在计算机安全虚拟环境中可以发现失败的后果。

创建模型后，之后就相对容易：

- 推断模型预测的组织风险；
- 以易于理解的术语用图形方式说明风险；
- 找出哪些方案对组织最危险；
- 找出风险较小的组织结构变体；

- 评估各种对策的有效性；
- 确定哪些因素是重要的，哪些因素可以忽略；
- 支持带有证据的管理建议；
- 避免花钱购买可能无效的措施；
- 寻找不必花钱降低风险的方法。

在本章，我们探讨了社会、技术、环境、法律、监管和风险方面的问题。为了使关键基础设施的管理取得成功，从国家视角必须保持这些过程的每一项发展都列入优先事项。为此，我想再一次强调关键信息基础设施的首要地位。

第七章

信息安全、灾难恢复、业务连续性、业务修复能力标准的评述

　　本章探讨了私营部门在提高修复力方面所做的努力。无论从业务方面还是主题方面，我们都可以对此做一番讨论。过去 20 多年，人们在这一领域一直颇有建树，首先是在灾难恢复方面，然后在业务恢复、业务连续性领域，最近才转向业务修复能力的建设。一旦修复能力得以构建，这就可能淘汰前面列举的所有方面。从某些标准检验下，我们可以看到这种进展。这些标准都集中在受监管的业务方面。本章将以表格贯穿始终，比较当今世界使用的众多不同标准。随着本书的出版，英国最新业务连续性标准 BS25999已经公布，这实际上是业务连续性行业发展的下一步。与所有关键基础设施一样，如今企业发展的关键元素几乎总是与信息基础设施相关。因此，我们需要关注与信息基础设施相关的标准。本章再现了作者最初发表在持续性规划（Continuity Planning）在线时事通讯中的文章①。

　　企业风险管理行业中有 3 个发展主题——业务恢复、业务连续性和业务修复能力。它们都围绕一个共同的驱动因素：法规。然而，在业务修复能力方面，还需要考虑业务战略的驱动因素。

　　20 世纪 80 年代，银行业，特别是欧洲和伦敦城的法规，促使参与者开发可以恢复金融数据的程序，特别是从被破坏的媒体中恢复信息，以便信息可以重新获得，企业得以持续运营。与此同时，Kroll② 和 Control Risks 等公司在监管业务、龙头业务中开始关注业务风险③，并开始制定编写这些风险的程序。当时涉及于此的人员往往是部队退役人员或特立独行的

---

① 所有文章参见 http://www.contingencyplanning.com。（访问日期：2007.1.7）
② 更多信息参见 http://www.kroll.com。（访问日期：2007.1.7）
③ 所有文章参见 http://www.controlrisks.com。（访问日期：2007.1.7）

IT人士。

20世纪80年代中期,一些伦敦银行及其子公司的"网络"管理公司开始为其客户开发定制策略。它们中的许多方法经历了时间的多重考验,或者至少为未来的发展奠定了基础。然而,它们当时给出的那些建议在20年后的今天我们几乎无法识别。

以下是在20世纪80年代发给总经理的核对清单,以此来控制电子创新公司的敏感信息:

- 公司的信息是否分类?
- 本程序是否需要某些管控?
- 本程序的复印版是否发给了所有员工?
- 每位员工是否都有安全区域将东西锁起来?
- 每个复印机旁边是否都有一台碎纸机?
- 所有敏感废弃资料是否都被碎纸机粉碎了?
- 缩微胶片阅读器是否受到管控,底片是否安全地被处理掉了?
- 外部承包商准备的缩微胶片是否安全地被处理了?
- 是否经常检查电话设备以防被窃听?
- 通过计算机或传真传输的数据,是否可以防止外部人员从物理上进行干预而不是虚拟意义上的?
- 董事会和会议室是否经常进行随机检查以检测窃听设备?
- 是否密切控制访问保存机密文件的房间和储藏室?

当时,电子数据传输仅限于少数几个主要国际中心。电子邮件通过公司自己的卫星系统保存,但也不多。即便如此,那时管理数据的监控措施更多意义上是为了业务恢复,而不是数据保存。事实上,那时候数据和信息的保存不是特别值得关注的问题。因为对于一家私人公司而言,什么值得保存、什么不值得保存几乎都是由所有者决定的。今天,即便私人公司也不能完全独立选择它想保留的信息,特别是在欧洲和美国,甚至在一个相对轻度监管的行业也不例外。在国际领域,那时候公司运营条件宽松,很少保存数据或者展示材料,除非员工用脑记住(1989年,在为期2周的非洲之旅中,一位总经理先后在6个机场被没收了Amstrad笔记本电脑)。那时候作出商业决定速度很快,而合同很少超过2页纸。

作为现今最受监管的服务行业——银行业,提供了另一种观点。同样,众多伦敦(和纽约)银行也参与其中。它们的计算机安全清单,我们今天看来仍有一些共鸣。

计算机安全清单:

- 系统设计、新应用程序、变更等标准是否已写入公司手册,之后不会变化?
- 从欺诈漏洞的角度来看,是否有新的系统和系统变更?
- 所有数据和程序的所有权是否已明确分配?
- 是否为每个安装、网络和 PC 都指定了系统管理员?
- 是否只有基于需要原则才能访问所有计算机资源?
- 访问是否建立在最低特权原则之上?
- 是否对敏感文件访问进行限制,具体取决于用户的权限级别?
- 所有系统是否已删除标准文件名?
- "默认"等其他低级别账户使用是否受到密切监控?
- 所有计算机的安装和沟通是否都满足物理层面上的安全要求?
- 访问的所有终端是否也物理受控?
- 拨号端口等其他开放访问方式是否保持在最低限度,且处于安全状态?
- 拨号端口号码是否未列入电话号码簿,且位于与公司语音线路不同的电话区域?
- 是否所有远程用户都被警告过关于诱骗和病毒程序的危险,以及在可疑通信失败后再次登录的危险性?
- 系统控制台是否会在重复登录失败时发出声音并显示警告信息?
- 网络软件是否能够识别远程用户的身份并进行跟踪?
- 所有密码长度是否必须超过 7 个字符且是字母数字混合的形式?
- 是否定期更改密码并始终在员工服务终止后更改密码?
- 是否自动检查用户重复或循环使用密码的程序?
- 所有密码文件是否都以加密形式保存?
- 所有资源的使用记录是否都载入了磁带和打印机?
- 是否记录了所有系统故障并进行了跟进?
- 测试和生产设施是否完全分开?
- 受限的公用事业是否已编目并得到严格监控?
- 对程序和文件的临时文件是否进行了审核?

- 对话和工程程序脱机时是否处于安全条件状态？

- 所有线路测试设备是否都处于安全状态？

- 所有 IP 地址是否都安全可靠？

- 是否已更改所有路由器默认密码？

- 所有审计软件是否都处于脱机状态并仅在需要时才能加载？

- 是否保留在远程仓库中的重要程序和文件的副本处于安全状态？

- 所有打印输出在等待所有者收集时是否处于安全状态？

- 所有不需要的输出文件是否粉碎了之后才丢弃？

- 是否为所有重要的应用和资源准备了恰当的应急计划？

- 投入生产之前，是否所有新程序和修改已由"同行小组"审核过？

- 投入生产之前，是否所有程序变更和最新应用程序都已审核批准？

- 是否所有源程序脱机时处于安全状态，并加载到高级数据处理经理所有者的权限之下？

- 是否打印的资源列表处于安全状态，并仅在需要时签名之后发布？

- 相互关联的应用程序是否设计为只需最少的人工干预就能自动检查控制总数？

今天我们依然可以看到这些相同的要求。它们出现在《美国联邦法规》第 21 条第二部分——支付卡行业（数据安全标准），成为了 ISO 17799 最初的一部分。

20 世纪 80 年代，伦敦和纽约的银行业法规大行其道，推动了程序的发展。那时，欧洲也开始尝试探索业务恢复和连续性相关的解决方案。到 2005 年，轮到了美国大力推动这方面的解决方案。人们制定信息安全和业务连续性流程。同样，这多是从欧洲、美国的角度来着手。事实上，到目前为止，在开发和实施这些技术方面，许多其他 OECD 成员都远远落后于美国和英国。

英国对信息安全的最大贡献可能就是最初的英国标准 BS 7799。该标准的开发产生了一系列关于生存咨询服务，从此业务连续性研究所家喻户晓。这些延伸业务主要由布莱恩·多斯维尔（Brian Doswell）完成。英国标准 BS 7799 大获成功，最终成为国际标准组织的 ISO 17799。ISO 17799 的关键要素是：

- 信息安全政策；

- 组织安全；

- 资产分类和控制；
- 人员安全；
- 物理和环境安全；
- 通信和运营管理；
- 访问控制；
- 系统开发和维护；
- 业务连续性管理；
- 合规。

（现在还有处理业务连续性的 BS 25999）

如果与本章开头的核对清单相比，我们可以发现这里有一个转变，即从强调业务恢复转向了强调业务连续性。第一篇文章的早期核对清单中提到的许多问题需要编纂和结构化，确保在发生灾难时持续开展业务，而不是仅仅只是需要恢复。主要咨询公司，特别是 Price Waterhouse Cooper[①] 和德勒公司[②]已经证明，那些认真对待业务连续性的企业，它们商业生存的机会就越大。

20 世纪 90 年代，千年虫问题极大地促进了信息安全和业务连续性"产业"的发展。千年虫问题引发了信息技术股在日益盛行的"泡沫"之下，投资信息技术和安全的狂热风潮。事件或许不够久远，我们对这一时期缺乏客观公正的看法。然而，我们可以确定的是，从 2000 年开始确定人类依赖计算机得以生存，正如人们依赖食物、水、住所等。事实上，如果没有计算机的运行，许多上述基础要素将无法供应。计算机的确非常重要。业务连续性，特别是信息连续性，已经日益成熟。

政府和监管机构认为解决千年虫问题并不容易，因此它们要求某些重要行业认真对待业务连续性这个问题。这将有助于业务连续性行业的发展。

这项分析包括影响分析和威胁分析。影响分析研究关键和非关键组织结构之间的差异。恢复连续性要求考虑关键功能的时间范围、业务要求和技术要求。威胁分析包括疾病、地震、火灾、洪水、网络攻击、飓风、公用事业

---

① The State of Information Security 2006. 参见 http://www.pwc.com/extweb/pwcpublications. nsf/docid/3929AC0E90BDB001852571ED0071630B。（访问日期：2007.1.7）

② The 2006 Technology, Media & Telecommunications Security Survey. 参见 http://www.deloitte. com/dtt/research/0%2C1015%2Ccid%25253D122104%2C00. html。（访问日期：2007.1.7）

中断以及恐怖主义。分析这些因素之后，我们通常就能生成一份恢复要求文档。

解决方案设计主要关注基本应用程序、应用程序数据要求以及可用的时间范围。解决方案设计阶段也决定了：

- 危机管理指挥结构；
- 辅助工作地点的位置；
- 电信架构；
- 数据复制方法；
- 辅助站点所需的应用程序和软件；
- 辅助工作现场的物理数据要求类型。

实施就是设计的执行、测试和组织验收，可能包括：

- 危机指挥团队上门测试；
- 从初级到次级位置的技术测试；
- 从次级到初级位置的技术测试；
- 应用测试；
- 业务流程测试。

维护涉及确认手册的准确性，测试技术解决方案和测试记录的组织恢复程序。这可能是最重要的部分，怎么强调其重要性都不为过，因为除非定期测试并勤于更新，否则计划毫无价值。

大多数企业都会因某种信息技术而受损，有些公司因此而歇业倒闭，而那些拥有某种形式的业务连续性计划的公司更容易存活。在那些日子里（8 年以该行业来衡量是一个很长的时间），超过 66% 的企业在匿名调查中承认，它们的业务受到某种形式的干扰，无论是竞争、犯罪或文化方面的。在受监管的企业中，企业对发生事故的恐惧和实际发生的事件频率都比以前要高。业务连续性，正如之前的业务修复力一样，是由生产需求的引擎推动的。更重要的是，同样的研究表明需要采用战略性业务方法来处理业务信息。这种更具战略性的方法是将企业的修复力作为一种 DNA 形式加以研究。实际上，这是一种完全不同于业务恢复力和业务连续性的战略方法，而后两者本质上只是战术响应。

在欧洲，主要发展引擎是伦敦和法兰克福。这两个金融中心在规划业务连续性方面比欧洲同行早了一步。20 世纪 90 年代，互联网和万维网的扩张仍然是基于 OECD 国家之间的数据流量和全球化的兴起。这两种现象都增加了对受监管和不受监管行业的威胁。

万维网、互联网和全球化不仅改变了威胁的类型,它们也改变了游戏的规则。突然之间,我们身处一个完全不同的宇宙。但是,对于那些在电子经济领域运作的人来说,他们需要掌握一整套新规范。在一个相互联系的世界中,需要保持互联互通。要做到这一点,恢复或找到连续操作这样的解决方案不再适合。重要的是让这些操作能够立即"反弹"。因此,尽管业务修复力没有特别明确地阐述,但它实际上比恢复性或连续性更重要。此外,还有众多事件进一步改变了威胁的模式,包括2001年"9·11"事件和安然事件。希望这些事件可以引领我们,去关注更大的需求——关注战略修复力,而不是战术性恢复性和连续性计划。

我们已经取得了一些进展。从最开始非常简单的保护业务数据、信息措施到创建了业务连续性这样一个新行业。2001年"9·11"事件之后,安然公司对业务恢复力和业务连续性的关注度略有下降,排在这两项活动之前的主要是受到监管和日益增加的合规性带来的影响。

最初在英国、欧洲和美国作为典型金融市场驱动的方法现在变成了由联邦政府主导的监管模式。联邦政府为美国、欧盟,尤其是指世界金融组织。

但是,业务修复力与业务恢复、业务连续性截然不同。大多数研究表明,75%以上未能建立某种形式的业务连续性过程的公司将无法从灾难或攻击中恢复[①]。修复力意味着能够从挫折中恢复到"原始形式"。因此,不需要恢复力或连续性,而企业不会失败。显然,在遭受某种形式的灾难或攻击的情况下,这样的定义意味着公司能够生存。随着商业信息越来越多地存在于信息技术系统中,远离管理者头脑和文件柜,修复能力对于企业生存来说变得越来越重要。这不是企业要发展具有强健修复力的唯一原因。内部和外部审计人员越来越多地寻求更为成熟的记录保存,以确保符合一系列法规。这些审计师希望看到修复力强劲的公司,因为具有修复能力的公司不会丢失数据,主要是财务数据。

如上所述,业务修复力是指能够反弹到原始状态的能力。监管和合规是两大重要驱动因素。然而,至少还有3个问题将推动公司修复力建设的进程。它们是非对称战争、阻碍性营销,以及美国领导、主导的新兴电子

---

① 数据参见 http://www.prem.co.uk/DRStatistics.html。

经济。

以下法规和合规问题与所谓的业务恢复力和连续性存在某种形式的对应关系。如今,在正式合规性方面,相对于业务修复力的早期措施,我们现在需要什么?

证券交易所公开上市交易公司指引如下:

• 特恩布尔指南(Turnbull Guidelines,英国)——阐述伦敦证券交易所上市公司的业务连续性、风险管理和相应的内部控制问题。上市公司必须首先满足这类强制性条件。全球证券交易所会关注合规日期之后的影响以及多米诺骨牌效应的影响。

• 纽约证券交易所(拟议)第 446 条——为在纽约证券交易所上市的公司提供业务连续性、风险管理和相应的内部控制。NASD 要求其所有成员实施风险管理和业务连续性计划。

•《萨班斯—奥克斯利法案》(2002 年)——要求审计师(内部、外部)向美国证券交易委员会(SEC)提供有关公司内部控制的详细报告。报告将在年度报告中全文公布。

涉及隐私、安全、风险管理和公司治理的相关法规:

•《健康保险流通与责任法案》(HIPAA,美国)——包括 2003 年由大公司承诺遵守的 7 个具体的业务连续性管理点。包括联邦民事和刑事处罚。

•《加速资金到位法案》(美国)——证明 BC 计划确保获得资金的及时可用性(联邦特许金融机构)。

•《金融服务现代化法案》(美国)——除银行外,众多领域的组织提供金融服务(例如,汽车经销商、零售商店、理财规划师、税务编制者,以及保险和房地产行业),需要采取相应的控制措施有效保护客户隐私。该法案一个不寻常的补充是它还包括机构确认的供应商。

•《第 63 号总统决策指令》(PDD-63)(美国,1998 及以后的更新)——呼吁在 2003 年之前确保关键基础设施(物理、IT 和通信)的安全性和持续可用性。

•《澳大利亚联邦刑法典》(2001 年 12 月更新)——对遭遇重大灾难且未能制定恰当的业务连续性计划的组织内部官员和董事制定刑事处罚。

•《反海外腐败法》(FCPA)——关注内部控制和刑事处罚问题。

其他规定和指南：

- 1986 年《计算机欺诈和滥用法》,1996 年修订；
- 1987 年《计算机安全法》,公法 100—235；
- 美国联邦存款保险公司,BL-22-88:金融机构应急计划；
- 美国联邦储备委员会,政策声明,SR89-16:金融机构应急计划的跨部门政策,SP-5；
- 美国联邦储备委员会,政策声明,SR97-15(SPE):企业业务恢复和应急计划 SP-5；
- 美国联邦储备委员会,政策声明,SR98-9(SUP):聚焦风险框架 IT 评估①及其他。

最近的一些调查似乎表明,尽管首席执行官们认为业务修复力、恢复力和连续性程序非常重要,但多数首席系统官/首席信息官都报告预算受到限制。(参见"连续性计划",2006 年 3 月通讯②)这是市场经济学一个简单的问题,首席执行官理直气壮地说:"如果其他人都愿意冒风险,为什么我们要为保护自己而增加成本呢?"真正的答案在于它们正在玩俄罗斯轮盘赌。银行、石油、公用事业公司至少已经意识到这一点(合规可能已经推动了它们,但出于敏锐和务实的商业意识,它们正在寻找更广泛的修复能力解决方案)。

在后面的章节中,我们将再次讨论非对称战争和阻碍性营销。我们有理由相信两者在业务修复力语境下也很重要。

欧洲人民愈发意识到美国可能正在开发控制全球电子经济的手段和法律框架。如果你不是美国俱乐部的一员,那么论点就是,你就不是新市场的一员! 我们将在后面的章节论述这种局面的优缺点。但是,我们要考虑这个问题:参与这样的电子市场公司需要做什么?需要进行监管和合规?是的。或者需要进行非对称战争和阻碍性营销防御? 也可以这么说。

这与 20 世纪 80 年代的商业修复环境非常不同!

正如我刚才所示,如果你的首席执行官,建议削减信息安全预算,那么

① 更多细节参见 http://ftp.hp.com/pub/services/continuity/info/corp_gov_bca_5983-1677EN.pdf。(访问日期:2007.1.7)

② 参见 http://www.contingencyplanning.com/archives/2006/mar。(访问日期:2007.1.7)

以下内容将有助于他们重新衡量这个决定。之前我们已讨论了从业务恢复力到业务修复力的缓和措施。没有哪个企业能够以这样或那样的方式真正免于信息安全标准行事。众所周知,信息安全现在就是业务。

这里涉及的主要标准是:

- ISO 17799 标准;
- 《萨班斯—奥克斯利法案》;
- 《健康保险流通与责任法案》(HIPAA);
- 《美国联邦法规》第 21 条第二部分;
- 联邦能源管理委员会/北美电力可靠性委员会;
- 支付卡行业数据安全标准;
- 《金融服务现代化法案》;
- 《巴塞尔协议 II》;
- 信息及相关技术控制目标(COBIT);
- 信息技术基础架构库(ITIL);
- 欧盟《数据保护指令》;
- 英国《数据保护法案》。

坏消息是,这些可执行或自愿标准中的某个或多个可能与你的业务相关(此处未提及某些与特定行业特别相关的标准)。好消息是,例如,以 ISO 17799 标准为底本,就可以从中获得一些普遍信息——因为许多标准都遵循类似的要求,具体如下所示。

"ISO 17799 3.1 节 信息安全政策:发布和维护信息安全政策。"这也是所有其他标准的一项要求。

"ISO 17799 4.1 节 组织安全:管理框架。"这也是所有其他标准的一项要求。

"ISO 17799 4.2 节 组织安全:第三方访问的安全性。"这也是所有其他标准的一项要求,但未在支付卡行业和《巴塞尔协议 II》明确规定。

"ISO 17799 4.3 节 组织安全:外包的安全性。"这也是所有其他标准的一项要求,但未在支付卡行业数据安全标准和 ITIL 明确规定。

"ISO 17799 5.1 节 资产分类和控制:资产问责制。"这也是所有其他标准的一项要求,但未在支付卡行业数据安全标准明确规定。

"ISO 17799 5.2 节 资产分类和控制:信息分类。"这也是所有其他标准的一项要求,但未在支付卡行业数据安全标准明确规定。

"ISO 17799 6.1节 人员安全:工作定义和资源供应的安全性。"这也是所有其他标准的一项要求。

"ISO 17799 6.2节 人员安全:用户培训。"这也是所有其他标准的一项要求,但未在支付卡行业数据安全标准明确规定。

"ISO 17799 6.3节 人员安全:应对安全事故。"这也是所有其他标准的一项要求,但未在支付卡行业数据安全标准明确规定。

"ISO 17799 7.1节 物理和环境安全:安全区域。"这也是所有标准的一项要求。

"ISO 17799 7.2节 物理和环境安全:设备安全。"这也是所有标准的一项要求。

"ISO 17799 7.3节 物理和环境安全:一般控制。"这也是所有标准的一项要求。

"ISO 17799 8.1节 通信和操作管理:操作程序和责任。"这也是所有其他标准的一项要求,但未在支付卡行业数据安全标准明确规定。

"ISO 17799 8.2节 通信和操作管理:系统规划和验收。"这也是所有标准的一项要求,但未在HIPAA、支付卡行业数据安全标准以及《巴塞尔协议Ⅱ》明确规定。

"ISO 17799 8.3节 通信和操作管理:防止恶意软件。"这也是所有标准的一项要求。

"ISO 17799 8.4节 通信和操作管理:家政惯例。"这也是所有标准的一项要求,但未在支付卡行业数据安全标准和ITIL明确规定。

"ISO 17799 8.5节 通信和操作管理:网络管理。"这也是所有标准的一项要求。

"ISO 17799 8.6节 通信和操作管理:媒体处理和安全。"这也是所有标准的一项要求。

"ISO 17799 8.7节 通信和操作管理:信息和软件交换。"这也是所有标准的一项要求。

"ISO 17799 9.1节 访问控制:访问控制的业务需求。"这也是所有标准的一项要求。

"ISO 17799 9.2节 访问控制:用户访问管理。"这也是所有标准的一项要求。

"ISO 17799 9.3节 访问控制:用户责任。"这也是所有标准的一项要求。

"ISO 17799 9.4 节 访问控制:网络访问控制。"这也是所有标准的一项要求。

"ISO 17799 9.5 节 访问控制:操作系统访问控制。"这也是所有标准的一项要求。

"ISO 17799 9.6 节 访问控制:应用程序访问控制。"这也是所有标准的一项要求。

"ISO 17799 9.7 节 访问控制:监控系统访问和使用。"这也是所有标准的一项要求。

"ISO 17799 9.8 节 访问控制:移动计算和远程工作。"这也是所有标准的一项要求,但未在 ITIL 明确规定。

"ISO 17799 10.1 节 系统开发和维护:系统的安全性要求。"这也是所有标准的一项要求,但未在 HIPAA 明确规定。

"ISO 17799 10.2 节 系统开发和维护:应用系统的安全性。"这也是所有标准的一项要求。

"ISO 17799 10.3 节 系统开发和维护:密码控制。"这也是所有标准的一项要求,但未在 COBIT 明确规定。

"ISO 17799 10.4 节 系统开发和维护:系统文件的安全性。"这也是所有标准的一项要求,但未在 HIPAA 及支付卡行业数据安全标准明确规定。

"ISO 17799 10.5 节 系统开发和维护:开发和支持过程的安全性。。"这也是所有标准的一项要求,但未在 HIPAA、支付卡行业数据安全标准和《巴塞尔协议Ⅱ》明确规定。

"ISO 17799 11.1 节 业务连续性管理:业务连续性管理的各个方面。"这也是所有标准的一项要求,但未在支付卡行业数据安全标准和欧盟指令中明确规定。

"ISO 17799 12.1 节 合规:遵守法律要求。"这也是所有标准的一项要求,但未在支付卡行业数据安全标准和《巴塞尔协议Ⅱ》明确规定。

"ISO 17799 12.2 节 合规:安全政策和技术合规的评论。"这也是所有标准的一项要求。

"ISO 17799 12.3 节 合规:系统审核注意事项。"这也是所有标准的一项要求。

应当注意的是,ISO 17799 标准也是遵守《萨班斯—奥克斯利法案》的良好底本。2007 年 11 月,欧洲①考虑将制定金融工具衍生品市场法规,主要针对金融部门。

基于上述简短的描述,我们不可能完全公平地对待每个标准。但是,大致的想法应该是清晰的。处理信息安全时的被动反应不再是可取的方案。首席系统官、首席信息官必须积极主动地参与信息安全的管理工作。如果这对你的 CEO 来说是一个问题,那么除了这里引用的通用问题之外,再找些影响你所在行业的合规性问题,和你的老总进行一番问责制讨论。但是,这些标准仍然只能解决战术问题。

或者考虑一下:以下表格和上述对恢复力和连续性业务领域发展的描述表明,该领域投入了大量的活动。人们可能会认为这是通过错误的滤镜来看问题。这是一个植根于操作的活动,高管层往往看不到这些活动。此外,它并不是真正意义上的修复力,也不是具有真正战略意义的活动。在最坏的情况下,它可以被描述为对突发问题的快速战术反应。但是,本书现在应该可以确定这个问题实际上比这要大得多。任何自重的首席执行官都希望他的首席财务官可以牢牢把握企业的财务状况。

然而,一次又一次,公司信息管理问题是由高级管理层之下 2—4 级别的员工处理。这是因为人们完全错误地看待信息管理和安全问题。一个合理的类比是品牌。在某个阶段,品牌在资产负债表上没有任何价值。但现在,它们有了意义。信息管理在资产负债表上没有任何价值。这的确合适吗?信息管理传递了什么?人们会说它是企业的 DNA。那么,如果公司拥有"优质"的 DNA,那它的运营状况良好;而如果拥有"差"的 DNA,公司的运营状况则一塌糊涂。看待信息管理的另一个角度是:恰当的信息管理代表了公司的账面净值与市值之间的差异。这两个数字之间的价值差异代表了"优质"的 DNA、出色的定位,以及体现了有效管理对企业价值的贡献。这将让高管们认识到,尤其在关键信息基础设施保护领域,信息管理和安全战略的重要性以及参与的必要性。这就是指示执行董事会的一位成员——首席信息官(CIO)。到目前为止,在美国 CIO 的概念深入人心,而其他国家则比较弱。了解信息基础设施中的业务信息安全性和修复力的战略方法对于每家公司的未来都至关重要。CIO 对于大公司来说是全职,对中小企业来说可以

① 关于 MiFID 参见 http://www.fsa.gov.uk/Pages/About/What/International/EU/fsap/mifid/index.shtml。(访问日期:2007.1.7)

是兼职性质[①]。CIO 的主要职责是：

- 制定信息基础设施的战略性企业政策；
- 管理和减轻信息基础设施企业风险预测；
- 创立信息基础设施的企业标准；
- 设计、实施和维护完整的企业信息基础设施；
- 计划有关信息基础设施的投资与融资；
- 与其他主管人员就其公司和部门要求进行联络协调；
- 设计相应的业务流程以便正确使用信息基础设施；
- 传递有效的企业知识库和信息共享协议；
- 监控信息基础设施的性能、优势、劣势，并根据需要进行更正；
- 倡导信息基础设施的品质方案；
- 评估新技术的潜力；
- 建立相应的用户论坛；
- 采用恰当的业务恢复和连续性计划；
- 担任公司信息基础设施的发言人；
- 领导企业危机管理团队；
- 遵守有关信息基础设施业务的特定和通用要求；
- 与其他高级管理人员保持适当的对话；
- 基于出色的信息基础设施构建拥有强健修复力的组织。

注意：本章中讨论的主要标准将在下面表格中进行更为详细的比较。

---

① 许多中小企业使用兼职人力资源总监。首席信息官可以采用同样的政策。Onyx Group，www. onyx-group. net，是一家提供兼职首席信息官、业务恢复力、连续性和修复力以及其他相关服务的公司。

表3 国际信息安全标准比较

ISO 17799 标准	《萨班斯—奥克斯利法案》	《健康保险流通与责任法案》	《美国联邦法规》第21条	联邦能源管理委员会/北美电力可靠性委员会	支付卡行业数据安全标准
第1节	—	—	—	—	—
第2节	—	—	—	—	—
第3.1节	内部环境致力于	安全标准: 1. 制裁政策(R)(a) 2. 安全责任分配(R)	(c)整个记录保存期保存记录	1201. 网络安全政策 1210. 信息保护	维护信息安全政策 维护解决信息安全问题的政策
要求:信息安全政策	胜任力 组织结构	—	—	—	—
目的:整个组织内发布和维护信息安全策略	人力资源政策与实践目标设置 风险偏好 风险承受能力 风险评估 可能性和影响	—	—	—	—
第4.1节	内部环境致力于	安全标准: 1. 信息系统活动审查(R) 2. 安全责任分配(R)(a)	(c)整个记录保存期保存记录	1201. 网络安全政策 1210. 信息保护	—
要求:组织安全	胜任力 组织结构	—	—	—	—
目的:基础设施:应当建立管理框架,用以启动和控制组织内信息安全的实施	人力资源政策与实践 控制活动 一般活动 信息和沟通	—	—	—	维护信息安全政策 维护解决信息安全问题的政策

ISO 17799 标准	《萨班斯一奥克斯利法案》	《健康保险流通与责任法案》	《美国联邦法规》第21条	联邦能源管理委员会/北美电力可靠性委员会	支付卡行业数据安全标准
第4.2节	内部环境	安全标准	（c）整个记录保存期保存记录	1207. 人员 1210. 信息保护	不适用
要求：组织安全	管理理念和运营方式	（b）1. 书面合同或其他安排	—	—	—
目的：第三方访问：第三方访问时维护信息资产的安全	人力资源政策与实践 风险评估 可能性与影响 控制活动 一般活动	—	—	—	—
第4.3节	内部环境	（b）1. 书面合同或其他安排	（c）整个记录保存期保存记录	1207. 人员 1210. 信息保护	不适用
要求：组织安全	致力于胜任力	—	—	—	—
目的：外包：信息外包给另一个组织，处理信息时保持信息的安全性	人力资源政策与实践 风险评估 可能性和影响 控制活动 一般活动 信息与通信 监控	—	—	—	—
第5.1节	控制活动	物理标准	（c）整个记录保存期保存记录	1202. 关键网络资产 1210. 信息保护	不适用

续表

ISO 17799 标准	《萨班斯—奥克斯利法案》	《健康保险流通与责任法案》	《美国联邦法规》第21条	联邦能源管理委员会/北美电力可靠性委员会	支付卡行业数据安全标准
要求:资产分类和控制	一般控制	(d)2.设备和媒体控制——管理责任(A)	—	—	—
目的:资产的经管责任:所有主要信息资产应当进行报账并确定指定的所有者	—	—	—	—	—
第5.2节	—	安全标准	(c)整个记录保存期保存记录	1202.关键网络资产 1210.信息保护	不适用
要求:资产分类和控制	风险评估	1.风险分析(R)(A)	—	—	—
目的:信息分类:信息应当分类,从而明确需求、优先级、保护程度	可能性和影响 事件识别 事件类别	—	—	—	—
第6.1节	内部环境	安全标准	(c)整个记录保存期保存记录	1207.人员	实施严格的访问权限
要求:人员安全	人力资源政策与实践	(a)1.制裁政策(R)	—	—	8.为具有计算机访问权限的每个人分配唯一的ID

续表

ISO 17799 标准	《萨班斯—奥克斯利法案》	《健康保险流通与责任法案》	《美国联邦法规》第 21 条	联邦能源管理委员会/北美电力可靠性委员会	支付卡行业数据安全标准
目的:作业定义和资源供应的安全性:减少认识错位、盗窃、诈骗或连用设施的风险	控制活动:一般控制信息与交流	(a)3. 授权和/或监督(A)	—	—	—
第6.2节	内部环境	安全标准	(c)整个记录保存期保存记录	1207. 人员 1211. 培训	不适用
要求:人员安全	人力资源政策与实践	(a)5. 安全提醒(A)	(i)电子记录、电子签名系统的用户具有适当的教育、培训和经验	—	—
目的:用户培训:确保用户了解信息安全威胁和担忧,并在正常工作过程中配备支持安全政策的设备	控制活动:一般控制信息与交流	—	—	—	—
第6.3节	事件识别	安全标准		1211. 培训	不适用
要求:人员安全	事件相互依赖性 风险响应	5. 防止恶意软件	(a)系统验证以及辨别无效或更改记录的能力	1214. 电子事件响应行动	—

续表

ISO 17799标准	《萨班斯—奥克斯利法案》	《健康保险流通与责任法案》	《美国联邦法规》第21条	联邦能源管理委员会/北美电力可靠性委员会	支付卡行业数据安全标准
目的:应对安全、事故和故障:应通过恰当的管理渠道尽快报告影响安全的事故	识别风险响应选择响应控制活动一般控制信息与通信监控	(a)6. 响应和报告(R)(a)7. 紧急模式运行计划(R)	(c)整个记录保存期保存记录	1215. 物理事件响应行动	—
第7.1节	控制活动	安全标准	—	1205. 物理安全边界	—
要求:物理和环境安全	一般控制	(a)3. 授权或监督	(c)整个记录保存期保存记录	1206. 物理访问控制	实施严格的访问控制措施
目的:设备安全:应当物理保护设备免受安全威胁和环境危害	信息与通信监控	劳动力审核程序:(A)1. 设施访问控制(A)2. 设施安全计划	—	1208. 监控物理访问	9. 限制对持卡人数据的物理访问
第7.2节	控制活动	物理标准:工作站使用(R)	(c)整个记录保存期保存记录	1205. 物理安全边界1206. 物理访问控制	实施严格的访问控制措施
要求:物理和环境安全	一般控制	工作站安全:1. 设备和媒体控制——处理	—	1208. 监控物理访问1210. 信息保护	9. 限制对持卡人数据的物理访问

续表

ISO 17799标准	《萨班斯—奥克斯利法案》	《健康保险流通与责任法案》	《美国联邦法规》第21条	联邦能源管理委员会/北美电力可靠性委员会	支付卡行业数据安全标准
目的:设备安全;应当物理保护设备免受安全威胁和环境危害	信息与通信	(d)2. 媒体再次适用(R)	—	—	—
第7.3节	控制活动	物理标准	(c)整个记录保存期保存记录	1205. 物理安全边界 1206. 物理访问控制	实施严格的访问控制措施
要求:物理和环境安全	一般控制	设施访问控制	—	1208. 监控物理访问 1210. 信息保护	9. 限制对持卡人数据的物理访问
目的:一般控制;防止危害或窃取信息	信息与通信	(d)2. 设备和媒体控制——管理责任(A)	—	—	—
第8.1节	内部环境分配权限和责任	安全标准:1. 信息系统活动审查(R)	(a)系统验证和辨别无效或更改记录的能力	1214. 电子事件响应行动	不适用
要求:通信和操作要求	风险响应:识别风险响应选择响应	(A)制裁政策(a)2. 安全责任分配(R)	(c)整个记录保存期保存记录	1215. 物理事件响应行动	—
目的:操作流程和验收;需要提前进行规划和准备,以确保提供足够的容量和资源	控制活动:一般控制监控	(b)1. 书面合同或其他安排(R)6. 响应和报告(R)(A)2. 应急行动(R)	(f)使用操作系统检查功能,适当强制执行(k)对系统文档进行适当的控制	—	—

续表

ISO 17799 标准	《萨班斯—奥克斯利法案》	《健康保险流通与责任法案》	《美国联邦法规》第21条	联邦能源管理委员会/北美电力可靠性委员会	支付卡行业数据安全标准
第8.2节	控制活动	不适用	—	不适用	不适用
要求:通信和操作管理	一般控制监控	—	(a)系统验证和辨别无效或更改记录的能力	—	—
目的:系统规划和验收;需要提前进行规划和准备,以确保提供足够的容量和资源	—	—	(c)整个记录保存期保存记录	—	—
第8.3节	事件识别	安全标准	—	—	建立、维护网络安全
要求:通信和操作管理	事件相互依赖性	(a)5.防止恶意软件(A)	(c)整个记录保存期保存记录	1210. 信息保护 1212. 系统管理	1. 安装、维护防火墙
目的:防止恶意软件;需要采取预防措施来防止和检测恶意软件的进入	风险响应:识别风险响应选择响应控制活动一般控制信息与通信监控	—	—	1214. 电子事件响应行动	维持漏洞管理项目; 5. 使用和定期更新杀毒软件
第8.4节	—	安全标准	—	—	不适用
要求:通信和操作管理	事件识别	(a)7. 数据备份计划 (a)7. 灾难恢复计划(R) (a)7. 紧急模式运营计划(R)	(c)整个记录保存期保存记录	1211. 培训 1216. 修复计划	—

续表

ISO 17799标准	《萨班斯—奥克斯利法案》	《健康保险流通与责任法案》	《美国联邦法规》第21条	联邦能源管理委员会/北美电力可靠性委员会	支付卡行业数据安全标准
目的:内务工作;实施备份策略的常规程序	事件相互依赖性 控制活动 一般控制 监控	7. 测试和修订程序(A) 物理标准: (a) 2. 应急行动(R) (a) 2. 数据备份和存储(A)	—	—	—
第8.5节	风险评估	技术标准	—	1203. 财务安全边界	建立、维护网络安全
要求:通信和操作管理	控制活动: 一般控制	(a) 2. 加密和解密(A)	(c)整个记录保存期保存记录	1210. 信息保护 1212. 系统管理	维持漏洞管理项目
目的:网络管理:跨越组织边界或公共网络的网络安全管理	监控	(e) 1. 传输安全 (e) 2. 完整性控制	—	—	5. 使用和定期更新杀毒软件
第8.6节	控制活动	物理标准	—	—	保护持卡人数据
要求:通信和操作管理	一般控制 信息与通信	(d) 1. 设备和媒体控制——处理(R)	(c)整个记录保存期保存记录	1206. 物理访问控制	保护存储的数据 实施严格访问控制措施
目的:媒体处理和安全:保护录音带、磁带、磁盘免受损害、盗窃、非法访问的程序	—	(d) 2. 媒体再次使用(R) (d) 2. 设备和媒体控制——管理责任(A)	—	1210. 信息保护	9. 限制对持卡人数据的物理访问

续表

ISO 17799 标准	《萨班斯—奥克斯利法案》	《健康保险流通与责任法案》	《美国联邦法规》第21条	联邦能源管理委员会/北美电力可靠性委员会	支付卡行业数据安全标准
第8.7节	风险评估	安全标准	—	1203. 电子安全范围	建立、维护网络安全
要求:通信和操作管理	风险响应:选择响应控制活动	1. 书面合同或其他安排技术标准	(c)整个记录保存期保存记录	1206. 物理访问控制 1207. 人员	1. 安装、维护防火墙
目的:信息和软件交换:控制组之间的信息和软件交换	一般控制信息与通信监控	2. 加密和解密(A) (c)人员或进入认证(R) (d)1. 传输安全 (e)2. 完整性控制(A)	—	1210. 信息保护 1212. 系统管理	—
第9.1节	—	安全标准	—	—	实施严格访问控制措施
要求:访问控制	内部环境人力资源政策与实践	4. 访问授权(A)	(c)整个记录保存期保存记录	—	7. 根据需要知道的业务限制对数据的保护
目的:访问控制的业务需求:访问控制政策和规则	控制活动:一般控制	—	—	—	—
第9.2节	控制活动	安全标准	(c)整个记录保存期保存记录	1203.电子安全范围	实施严格访问控制措施

续表

ISO 17799 标准	《萨班斯—奥克斯利法案》	《健康保险流通与责任法案》	《美国联邦法规》第21条	联邦能源管理委员会/北美电力可靠性委员会	支付卡行业数据安全标准
要求:访问控制	一般控制	4. 访问授权(A) 4. 访问建立和修改(A) 5. 密码管理(A)	(d)限制系统访问授权的个人 (g)使用权限检查功能,确保只有个人才能使用该系统	1206. 物理访问控制 1210. 信息保护	7. 根据需要知道的业务限制对数据的保护
目的:用户访问管理:控制信息系统和服务访问权分配的正式程序。	监控	技术标准(A)2. 唯一用户识别(R)		1212. 系统管理	—
第9.3节	内部环境	安全标准	(c)整个记录保存期保存记录	1203. 电子安全范围	建立、维护网络安全
要求:访问控制	人力资源政策与实践	A)5. 密码管理 物理标准	(d)限制系统访问授权的个人	1206. 物理访问控制	2. 不使用供应商提供的系统密码的默认值
目的:用户责任:用户意识,特别是密码适用和设备的安全意识。	控制活动:一般控制	工作站使用(R) 工作站安全	(g)使用权限检查功能,确保只有个人才能使用该系统 (i)电子记录、电子签名系统的用户具有相应的教育、培训和经验	1211. 培训 1212. 系统管理	实施严格访问控制措施:8. 为具有计算机访问权限的每个人分配唯一的ID
第9.4节	内部环境	安全标准	(c)整个记录保存期保存记录	1203. 电子安全范围	实施严格访问控制措施

ISO 17799 标准	《萨班斯—奥克斯利法案》	《健康保险流通与责任法案》	《美国联邦法规》第 21 条	联邦能源管理委员会/北美电力可靠性委员会	支付卡行业数据安全标准
要求:访问控制	人力资源政策和实践	5. 密码管理(A) 技术标准	(d)限制系统访问授权的个人	1207. 人员	8. 为具有计算机访问权限的每个人分配唯一的 ID
目的:网络访问控制:确保为用户和设备提供相应的身份验证机制	控制活动:一般控制监控	2. 认证电子保护健康信息的机制(A) (c)个人或实体验证(R)	(g)使用权限检查功能,确保只有个人才能使用该系统	—	—
第9.5节	内部环境	安全标准	(c)整个记录保存期保存记录	1203. 电子安全范围	建立、维护网络安全
要求:访问控制	人力资源政策和实践	4. 访问建立和修改(A) 5. 密码管理(A)	(d)限制系统访问授权的个人	1207. 人员 1209. 监控电子访问	2. 不使用供应商提供的系统密码的默认值
目的:操作系统访问控制:操作系统级别控制访问的安全,方法包括确保优质密码、用户身份验证以及系统访问成功与失败的记录	控制活动:一般控制监控	技术标准: (a)2. 唯一用户识别(A) 2. 自动退出(A) (d)个人或实体认证(R)	(g)使用权限检查功能,确保只有个人才能使用该系统	1212. 系统管理	8. 为具有计算机访问权限的每个人分配唯一的 ID
第9.6节	控制活动	安全标准	(c)整个记录保存期保存记录	1203. 电子安全范围	建立、维护网络安全

续表

ISO 17799 标准	《萨班斯— 奥克斯利 法案》	《健康保险流通 与责任法案》	《美国联 邦法规》 第21条	联邦能源管理 委员会/北美电 力可靠性 委员会	支付卡行业数 据安全标准
要求:访问控制	一般控制	4. 访问建立 和修改(A)	(d)限制系 统访问授权的 个人	1203. 电子 安全范围	2. 不使用供应 商提供的系统密 码的默认值。
目的:应用访问控制:限制应用程序系统内访问的安全性	—	5. 密码管理 (A) 技术标准: (a) 2. 唯一 用户识别(R) (d)个人或实 体认证(R)	(g)使用权 限检查功能,确 保只有个人才 能使用该系统 (a)系统验 证以及识别无 效或更改记录 的能力	1207. 人员	8. 为具有计算 机访问权限的每 个人分配唯一 的ID
第9.7节	控制活动	—	(c)整个记 录保存期保存 记录	1203. 电子 安全范围	实施严格访问 控制措施
要求:访问控制	一般控制	安全标准	(d)限制系 统访问授权的 个人	1206. 物理 访问控制	8. 为具有计算 机访问权限的每 个人分配唯一 的ID
目的:监控系统访问和使用:应当监控系统,发现因访问控制政策的偏差,并再发生安全事件时提供证据	监控	5. 登陆监控 (A) 1. 信息系统 活动审查(R) 8. 审计控制 (R)	(g)使用权 限检查功能,确 保只有个人才 能使用该系统	1207. 人员 1209. 监控 电子访问	定期监控和测 试网络:10. 跟踪 和监控对网络资 源和持卡人数据 的所有访问
第9.8节	内部环境	安全标准	(c)整个记 录保存期保存 记录	1203. 电子 安全范围	实施严格访问 控制措施
要求:访问控制	人力资源政 策和实践	(a)4. 访问 建立和修改 (A)	(d)限制系 统访问授权的 个人	1212. 系统 管理	8. 为具有计算 机访问权限的每 个人分配唯一 的ID

ISO 17799标准	《萨班斯—奥克斯利法案》	《健康保险流通与责任法案》	《美国联邦法规》第21条	联邦能源管理委员会/北美电力可靠性委员会	支付卡行业数据安全标准
目的:移动计算和远程工作:使用移动计算和远程办公设施时确保信息安全	控制活动:一般控制监控	—	（g）使用权限检查功能,确保只有个人才能使用该系统	—	—
第10.1节	控制活动	不适用	（c）整个记录保存期保存记录	1210. 信息保护	维护漏洞管理项目
要求:系统开发和维护	一般控制	—	（e）使用安全、计算机生成的审计跟踪,并且可以保存一段时间	—	6. 开发和维护安全系统和应用程序
目的:系统安全需求:确保安全性内置于信息系统之中,包括基础设施、业务应用程序和用户开发的应用程序	监控	—	（k）对系统文档使用适当的控制	—	—
第10.2节	控制活动	技术标准	（c）整个记录保存期保存记录	1212. 系统管理	维护漏洞管理项目

续表

ISO 17799 标准	《萨班斯—奥克斯利法案》	《健康保险流通与责任法案》	《美国联邦法规》第 21 条	联邦能源管理委员会/北美电力可靠性委员会	支付卡行业数据安全标准
要求:系统开发和维护	一般控制	2. 传输安全——完整性控制(A)	(e)使用安全、计算机生成的审计跟踪,并且可以保存一段时间	—	6. 开发和维护安全系统和应用程序
目的:应用系统的安全:防止在应用程序系统中丢失、修改或滥用用户数据	—	—	(f)使用操作系统检查,适当强制执行步骤和事件的顺序 (k)对系统文档使用适当的控制	—	—
第10.3节	—	技术标准	(c)整个记录保存期保存记录	1203. 电子安全范围	保护持卡人数据
要求:系统开发和维护	控制活动	(a)2. 加密和解密(A) (e)2. 传输安全——加密(A)	(e)使用安全、计算机生成的审计跟踪,并且可以保存一段时间	—	4. 在公共网络对持卡人数据和敏感信息的传输加密
目的:加密控制:应将加密系统和技术用于有风险的信息	一般控制监控	—	(h)使用设备检查功能,确定源数据输入或操作指令的有效性 (k)对系统文档使用适当的控制	—	—

续表

ISO 17799 标准	《萨班斯—奥克斯利法案》	《健康保险流通与责任法案》	《美国联邦法规》第21条	联邦能源管理委员会/北美电力可靠性委员会	支付卡行业数据安全标准
第10.4节	控制活动	不适用	（a）系统验证以及发现无效或变更记录的能力	1203. 电子安全范围 1210. 信息保护	不适用
要求:系统开发和维护	一般控制	—	（c）整个记录保存期保存记录	1212. 系统管理	—
目的:系统文件安全:系统文件的访问应该受到监控	信息和通信监控	—	（e）使用安全、计算机生成的审计跟踪，并且可以保存一段时间 （k）对系统文档使用适当的控制	—	—
第10.5节	控制活动	不适用	—	不适用	不适用
要求:系统开发和维护	一般控制	—	（c）整个记录保存期保存记录	—	—
目的:开发和支持过程中的安全应严格控制项目和支持环境	监控	—	（k）对系统文档使用适当的控制	—	—
第11.1节	事件识别:事件相互依赖性	安全标准:7. 灾难恢复计划（R）	—	1211. 培训	不适用

续表

ISO 17799 标准	《萨班斯—奥克斯利法案》	《健康保险流通与责任法案》	《美国联邦法规》第21条	联邦能源管理委员会/北美电力可靠性委员会	支付卡行业数据安全标准
要求:业务连续性管理	风险响应:识别风险响应选择响应	7. 测试和修订过程(A)	(c)整个记录保存期保存记录	1214. 电子事件响应行动 1216. 恢复计划	—
目的:业务连续性管理的各个方面:阻碍业务活动的中断,保护业务流程免受重大故障或灾难的影响	控制活动:一般控制信息与通信监控	(a)7. 应用程序和数据关键性分析	—	—	—
第12.1节	内部环境	安全标准	—	—	不适用
要求:合规	风险偏好胜任力	1. 制裁政策(R) (a)6. 响应报告(R)	(c)整个记录保存期保存记录	—	—
目的:遵守法律要求:避免违反任何刑法和民法、法令、监控或合同	事件识别:风险和机遇 风险评估:可能性和影响 控制活动:一般控制 信息和通信监控	(b)1. 书面合同或其他安排	—	—	—
第12.2节	内部环境	安全标准	(a)系统认证以及发现无效或变更记录的能力	1212. 系统管理 1213. 测试流程	定期监控和测试网络

续表

ISO 17799 标准	《萨班斯—奥克斯利法案》	《健康保险流通与责任法案》	《美国联邦法规》第21条	联邦能源管理委员会/北美电力可靠性委员会	支付卡行业数据安全标准
要求:合规	风险偏好	—	(c)整个记录保存期保存记录	—	10. 跟踪和监控对网络资源和持卡人数据的所有访问
目的:安全政策和技术合规性的评论:应根据适当的安全政策执行审核,并应审核技术平台和信息系统	胜任力控制活动:一般控制监控	(a)8. 衡量符合安全要求的技术评估(R)	(f)使用操作系统检查,适当强制执行步骤和事件的顺序	—	定期监控和测试网络:11. 定期对安全系统和过程进行测试
第12.3节	监控	安全标准		1213. 测试流程	—
要求:合规	—	(b)8. 审计控制(R)	(c)整个记录保存期保存记录	—	定期监控和测试网络
目的:系统审计考虑因素:系统审计期间,应有控制措施来保护操作系统和审计工具	—	—	—	—	10. 跟踪和监控对网络资源和持卡人数据的所有访问

续表

ISO 177799安全标准	联邦金融机构检查委员会和《金融服务现代化法案》	《巴塞尔协议Ⅱ》	信息及相关技术控制目标	信息技术基础架构库	欧盟《数据保护指令》	英国《数据保护法案》
第1节	—	—	—	—	—	—
第2节	—	—	—	—	—	—
第3.1节	安全流程	风险管理	计划	2.2.3　政策、流程、程序和工作指示明确规定了责任、权力和职责	第20节：保障通信安全的措施	第7项原则
要求：信息安全政策	角色和责任 信息安全战略	组织管理政策	定义战略 IT计划 定义IT组织和关系 沟通管理目标和方向		第4条：技术和组织措施，保障电子通信服务	针对未经处理或非法处理的个人数据的技术和组织措施
目的：在整个组织内发布和维护信息安全政策	—	管理	管理人力资源	—	—	—
第4.1节	安全流程	风险管理	交付	4.1.1　建立管理	第20节：保障通信安全的措施	第1项原则
要求：组织安全	角色和责任 信息安全战略	组织管理	确保系统安全	框架，用以启动和管理信息安全	第4条：技术和组织措施，保障电子通信服务	个人数据依法公平处理
目的：基础设施：应建立管理框架，用以启动和控制组织内信息安全的实施	关键风险评估实践					第2项原则：个人数据只能用于一个或多个指定的合法目的 第7项原则：针对未经处理或非法处理的个人数据的技术和组织措施

续表

ISO 177799 安全标准	联邦金融机构检查委员会和《金融服务现代化法案》	《巴塞尔协议Ⅱ》	信息及相关技术控制目标	信息技术基础架构库	欧盟《数据保护指令》	英国《数据保护法案》
第4.2节	安全流程	不适用	交付	4.1.1 识别与第三方链接产生的风险	第20节:保障通信安全的措施	第2项原则:个人数据只能用于一个或多个指定的合法目的
要求:组织和安全	角色和责任	—	管理第三方服务	—	第32节:分包和后续数据处理应完全符合个人数据的安全性	第7项原则:针对未经处理或非法处理的个人数据的技术和组织措施
目的:第三方访问:维护第三方访问信息资产的安全性	逻辑和管理访问控制	—	确保系统安全	—	第4条:技术和组织措施,保障电子通信服务	第8项原则:除非确保个人数据得到足够的保护,否则不得将个人数据转移到欧洲经济区以外的国家或地区

续表

ISO 177799 安全标准	联邦金融机构检查委员会和《金融服务现代化法案》	《巴塞尔协议Ⅱ》	信息及相关技术控制目标	信息技术基础架构库	欧盟《数据保护指令》	英国《数据保护法案》
第4.3节	安全流程	政策管理	计划	不适用	第20节:保障通信安全的措施	第1项原则:个人数据依法公平处理
要求:组织安全	角色和责任	外包政策	管理质量	—	第32节:分包和后续数据处理应完全符合个人数据的安全性	第2项原则:个人数据只能用于一个或多个指定的合法目的
目的:外包:在信息处理外包给另一个组织时保持信息的安全性	服务提供商监督 SAS 70份报告 安全性测试 外包测试	—	交付:管理第三方服务定义和管理服务水平	—	第4条:技术和组织措施,保障电子通信服务	第5项原则:处理的个人数据不得超过的时间 第7项原则:针对未经处理或非法处理的个人数据的技术和组织措施
第5.1节	安全流程	风险管理	计划	3.3.1 配置和资产管理过程	第20节:保障通信安全的措施	—
要求:资产分类和控制	角色和责任	资产管理	定义IT组织和关系	—	—	—
目的:资产的经管责任:应当对所有主要信息资产进行报账并指定所有者	信息安全风险评估 信息收集 分析信息	—	—	4.2.1 确保对最重要的信息来源和系统有整体概述;对所有信息和系统分配负责人	第4条:技术和组织措施,保障电子通信服务	第7项原则:针对未经处理或非法处理的个人数据的技术和组织措施

续表

ISO 177799安全标准	联邦金融机构检查委员会和《金融服务现代化法案》	《巴塞尔协议Ⅱ》	信息及相关技术控制目标	信息技术基础架构库	欧盟《数据保护指令》	英国《数据保护法案》
第5.2节	信息安全风险评估	风险管理	计划:评估风险	分类规则不在ITIL范围内	第20节:保障通信安全的措施	第7项原则:针对未经处理或非法处理的个人数据的技术和组织措施
要求:资产分类和控制	信息收集分析信息	资产管理	定义信息架构	—	—	
目的:信息分类:应对信息进行分类,以便区分需求、优先事项和保护程度	优先级响应		交付确保系统安全		第4条:技术和组织措施,保障电子通信服务	第8项原则:除非确保个人数据得到足够的保护,否则不得将个人数据转移到欧洲经济区以外的国家或地区
第6.1节	人员安全	—	计划	—	—	—
要求:人员安全	背景调查和过滤协议:保密、不公开和授权使用	政策管理人事政策	管理人力资源	4.2.2 包括职位描述,申请人过滤,保密协议	第20节:保障通信安全的措施	第7项原则:针对未经处理或非法处理的个人数据的技术和组织措施
目的:作业定义和资源的安全性;减少人为错误、盗窃、欺诈或滥用设施的风险	工作描述	—	交付:管理设施	—	第4条:技术和组织措施,保障电子通信服务	—
第6.2节	人员安全	政策管理	计划:管理人力资源	4.2.2包括培训,使员工了解安全威胁和信息安全的重要性	第20节:保障通信安全的措施	第2项原则:个人数据只能用于一个或多个指定的合法目的

续表

ISO 177799安全标准	联邦金融机构检查委员会和《金融服务现代化法案》	《巴塞尔协议II》	信息及相关技术控制目标	信息技术基础架构库	欧盟《数据保护指令》	英国《数据保护法案》
要求:人员安全	培训	人事政策	交付	4.2.2包括通过正确的渠道尽快响应安全事件	第4条:技术和组织措施,保障电子通信服务	—
目的:用户培训:确保用户了解信息安全、威胁和担忧,并在正常工作过程中配备支持安全政策的设备	—	—	教育和培训用户	—	—	第7项原则:针对未经处理或非法处理的个人数据的技术和组织措施
第6.3节	—	—	交付	—	—	第7项原则:针对未经处理或非法处理的个人数据的技术和组织措施
要求:人员安全	日志和数据收集 入侵检测 入侵响应	政策管理 人事政策	管理问题和事件 管理操作	—	第20节:保障通信安全的措施	第7项原则:针对未经处理或非法处理的个人数据的技术和组织措施
目的:应对安全事故和故障:应通过适当的管理渠道尽快报告影响安全的事件	业务连续性考虑因素	病毒扫描程序事件响应计划	—	—	第4条:技术和组织措施,保障电子通信服务	—
第7.1节	物理安全:数据中心安全	政策管理	交付	ITIL环境战略设置	第20节:保障通信安全的措施	第7项原则:针对未经处理或非法处理的个人数据的技术和组织措施
要求:物理和环境安全	陈列室和保险柜 物理分布安全	物理安全政策	确保系统安全 数据管理	ITIL环境管理设置	—	术和组织措施

ISO 177799 安全标准	联邦金融机构检查委员会和《金融服务现代化法案》	《巴塞尔协议Ⅱ》	信息及相关技术控制目标	信息技术基础架构库	欧盟《数据保护指令》	英国《数据保护法案》
目的:设备安全:应当物理保护设备免受安全威胁和环境危害	IS环境	—	管理实施	—	第4条:技术和组织措施,保障电子通信服务	—
第7.2节	物理安全	政策管理	交付	选择外部风险最小的位置安装设备	第20节:保障通信安全的措施	第7项原则:针对未经处理或非法处理的个人数据的技术和组织措施
要求:物理和环境安全	数据中心安全陈列室和保险柜	物理安全政策	管理设施			
目的:设备安全:应当物理保护设备免受安全威胁和环境危害	物理分布安全IS环境	—	—	—	第4条:技术和组织措施,保障电子通信服务	—
第7.3节	物理安全	政策管理	交付	创建促进安全	第20节:保障通信安全的措施	第7项原则:针对未经处理或非法处理的个人数据的技术和组织措施
要求:物理和环境安全	数据中心安全陈列室和保险柜	物理安全政策	管理数据管理设施	处理信息和系统的环境		
目的:一般控制:防止危害或盗窃信息	物理分布安全IS环境	—	—	—	第4条:技术和组织措施,保障电子通信服务	—

续表

ISO 177799安全标准	联邦金融机构检查委员会和《金融服务现代化法案》	《巴塞尔协议Ⅱ》	信息及相关技术控制目标	信息技术基础架构库	欧盟《数据保护指令》	英国《数据保护法案》
第8.1节	安全流程	入侵检测	—	—	第20节:保障通信安全的措施	第7项原则:针对未经处理或非法处理的个人数据的技术和组织措施
要求:通信和操作管理	角色和责任日志和数据收集	时间响应计划	交付	4.2.2 确保管理所有IT资源和IT基础设施的所有部分(包括职责分离和安全事件处理)有既定职责		
目的:操作流程和验收:需要提前进行规划和准备,以确保提供足够的容量和资源	入侵检测和响应入侵检测入侵响应业务连续性考虑	系统管理	管理问题和事件·确保连续服务·管理操作		第4条:技术和组织措施,保障电子通信服务	—
第8.2节	不适用	不适用	交付	3.3.4 变更管理过程	第20节:保障通信安全的措施	第7项原则:针对未经处理或非法处理的个人数据的技术和组织措施
要求:通信和操作管理	—	—	确保连续服务	3.4.3 提高吞吐量和响应时间方面的性能		
目的:系统规划和验收:需要提前进行规划和准备,以确保提供足够的容量和资源	—	—	管理性能和容量	其他措施包括管理资源、需求和工作量,制定应用程序和建模	第4条:技术和组织措施,保障电子通信服务	—
第8.3节	—	—	交付	3.3.2 事件控制/帮助台	第20节:保障通信安全的措施	第7项原则:针对未经处理或非法处理的个人数据的技术和组织措施
要求:通信和操作管理	恶意代码	网络智能补丁管理		4.2.4 访问控制、防病毒控制政策		

续表

ISO 177799 安全标准	联邦金融机构检查委员会和《金融服务现代化法案》	《巴塞尔协议Ⅱ》	信息及相关技术控制目标	信息技术基础架构库	欧盟《数据保护指令》	英国《数据保护法案》
目的:防止恶意软件,需要采取预防措施来防止和检测恶意软件的引入	控制防止恶意代码	防火墙活动内容过滤入侵检测病毒扫描器事件响应计划	管理问题和事件确保系统安全管理配置	—	第4条:技术和组织措施,保障电子通信服务	—
第8.4节	业务连续性考虑	事件响应计划	交付	ITIL 通常不会详细介绍内务工作	第20节:保障通信安全的措施	第7项原则:针对未经处理或非法处理的个人数据的技术和组织措施
要求:通信和操作要求	—	—	确保持续的服务管理数据	—	—	
目的:内务工作:实施备份策略的常规程序	—	—	—	—	第4条:技术和组织措施,保障电子通信服务	—
第8.5节	逻辑和管理访问控制	风险管理资产管理网络情报补丁管理防火墙活动内容过滤	—	4.2.3 通信和运营管理:网络安全措施	第20节:保障通信安全的措施	第7项原则:针对未经处理或非法处理的个人数据的技术和组织措施
要求:通信和操作要求	网络访问		交付	—	—	
目的:网络管理:跨越组织边界或公共网络的网络安全管理	—	Web 应用程序安全入侵检测病毒扫描器	确保系统安全	—	第4条:技术和组织措施,保障电子通信服务	—

续表

ISO 177799 安全标准	联邦金融机构检查委员会和《金融服务现代化法案》	《巴塞尔协议 II》	信息及相关技术控制目标	信息技术基础架构库	欧盟《数据保护指令》	英国《数据保护法案》
第 8.6 节	电子和纸质媒体处理	物理安全	支付:管理数据	3.4.2 可用性管理	第 20 节:保障通信安全的措施	第 5 项原则:处理的个人数据不得超过的时间
要求:通信和操作管理	处理和存储处理	—	—	3.4.4 备用规划	第 22 节:在存储期间,保证保密性	第 7 项原则:针对未经处理或非法处理的个人数据的技术和组织措施
目的:媒体处理和安全:保护录音带、磁带、磁盘免受损害、盗窃、非法访问的程序	运输	—	—	4.2.3 通信和操作管理:数据载体和网络服务的处理和安全性	第 4 条:技术和组织措施,用以保障电子通信服务	—
第 8.7 节	逻辑和管理访问控制	—	—	4.2.3 通信和操作管理:数据载体和网络服务的处理和安全性	第 20 节:保障通信安全的措施	第 7 项原则:针对未经处理或非法处理的个人数据的技术和组织措施
要求:通信和操作管理	访问权限管理 网络访问	活动内容过滤 防火墙	交付	协议应该包含在 SLA 中	—	—

续表

ISO 177799安全标准	联邦金融机构检查委员会和《金融服务现代化法案》	《巴塞尔协议Ⅱ》	信息及相关技术控制目标	信息技术基础架构库	欧盟《数据保护指令》	英国《数据保护法案》
目的:信息和软件交流:控制组织间的信息和软件交换	远程访问	Web应用程序安全病毒扫描器	确保系统安全	—	第4条:技术和组织措施,保障电子通信服务	第8项原则:除非确保个人数据得到足够的保护,否则不得将个人数据转移到欧洲经济区以外的国家或地区
第9.1节	逻辑和管理访问控制	访问控制、认证系统管理	交付	大部分超出了ITIL的范围	第20节:保障通信安全的措施 第21节:防止非法接入通信 第4条:技术和组织措施,用以保障电子通信服务 第6条:处理授权人员的流量数据	第7项原则:针对未经处理或非法处理的个人数据的技术和组织措施
要求:访问控制	访问权限管理	—	确保系统安全	—		
目的:访问控制的业务需求:访问控制政策和规则	—	—	—	—		—
第9.2节	逻辑和管理访问控制	访问控制、认证活动内容过滤	交付	4.2.3 访问控制:网络、计算机和应用程序的访问控制	第20节:保障通信安全的措施 第21节:防止非法接入通信 第4条:技术和组织措施,用以保障电子通信服务 第6条:处理授权人员的流量数据	第7项原则:针对未经处理或非法处理的个人数据的技术和组织措施
要求:访问控制	访问权限管理 网络访问认知	Web应用程序安全病毒扫描器	确保系统安全	—		
目的:用户访问管理:控制信息系统和服务访问权限	操作系统访问 应用程序访问 远程访问	—	—	—		—

续表

ISO 177799 安全标准	联邦金融机构检查委员会和《金融服务现代化法案》	《巴塞尔协议Ⅱ》	信息及相关技术控制目标	信息技术基础架构库	欧盟《数据保护指令》	英国《数据保护法案》
第9.3节	人员安全	访问控制、权限	交付		第20节:保障通信安全的措施	第7项原则:针对未经处理或非法处理的个人数据的技术和组织措施
要求:访问控制	培训	病毒扫描器系统管理	确保系统安全	ITIL范围之外,这是用户组织的责任	第21节:防止非法接入通信	
目的:用户责任:用户意识,特别时密码的使用和设备的安全性	—	—	—	—	第4条:技术和组织措施,用以保障电子通信服务 第6条:处理授权人员的流量数据	—
第9.4节	—	访问控制、认证	交付	4.2.4 访问控制:网络计算机访问控制	第20节:保障通信安全的措施	第7项原则:针对未经处理或非法处理的个人数据的技术和组织措施
要求:访问控制	逻辑和管理访问控制	活动内容过滤 Web应用程序安全	确保系统安全	—	第21节:防止非法接入通信 第4条:技术和组织措施,用以保障电子通信服务	
目的:网络访问控制:确保为用户和设备提供适当的身份验证机制	网络访问	病毒扫描器	—	—	第6条:处理授权人员的流量数据	—

续表

ISO 177799 安全标准	联邦金融机构检查委员会和《金融服务现代化法案》	《巴塞尔协议Ⅱ》	信息及相关技术控制目标	信息技术基础架构库	欧盟《数据保护指令》	英国《数据保护法案》
第9.5节	逻辑和管理访问控制	访问控制、认证	交付	4.2.4 访问控制:网络计算机访问控制	第20节:保障通信安全的措施 第21节:防止非法接入通信 第4条:技术和组织措施,用以保障电子通信服务 第6条:处理授权人员的流量数据	第7项原则:针对未经处理或非法处理的个人数据的技术和组织措施
要求:访问控制	操作系统访问	活动内容过滤 Web应用程序安全	确保系统安全			
目的:操作系统访问控制:控制操作系统级别的访问安全。方法包括确保优质密码,用户身份验证以及系统访问成功与失败的记录	—	入侵发现 病毒扫描器 系统管理	—	—		
第9.6节	逻辑和管理访问控制	访问控制、认证	交付	4.2.4 访问控制:网络计算机访问控制	第20节:保障通信安全的措施 第21节:防止非法接入通信 第4条:技术和组织措施,用以保障电子通信服务 第6条:处理授权人员的流量数据	第7项原则:针对未经处理或非法处理的个人数据的技术和组织措施
要求:访问控制	操作系统访问	活动内容过滤 Web应用程序安全	确保系统安全			
目的:应用访问控制:限制应用程序系统内的访问安全	—	病毒扫描器	—	—		

续表

ISO 177799 安全标准	联邦金融机构检查委员会和《金融服务现代化法案》	《巴塞尔协议Ⅱ》	信息及相关技术控制目标	信息技术基础架构库	欧盟《数据保护指令》	英国《数据保护法案》
第9.7节	监控	访问控制、认证	监控:评估内部控制充分	4.2.4 访问控制:监控和审计信息系统访问	第20节:保障通信安全的措施 第21节:防止非法接入通信 第4条:技术和组织措施,用以保障电子通信服务 第6条:处理授权人员的流量数据	第7项原则:针对未经处理或非法处理的个人数据的技术和组织措施
要求:访问控制	记录和数据集合	活动内容过滤 Web 应用程序安全	—			
目的:监控系统访问和适用:监控系统检测访问控制政策带来的偏差,并在发生安全事件时提供证据	—	病毒扫描器	—	—		—
第9.8节	逻辑和管理访问控制	政策管理远程系统	交付	不适用	第20节:保障通信安全的措施 第21节:防止非法接入通信 第4条:技术和组织措施,用以保障电子通信服务 第6条:处理授权人员的流量数据	第7项原则:针对未经处理或非法处理的个人数据的技术和组织措施
要求:访问控制	身份验证远程访问	访问控制、认证	确保系统安全	—		
目的:移动计算和远程工作:使用移动计算和远程办公设施时确保信息安全	—	活动内容过滤 Web 应用程序安全	—	—		—
第10.1节	不适用	系统管理	收购	ITIL 登记软件生命周期支持和业务视角设置	第20节:保障通信安全的措施	第7项原则:针对未经处理或非法处理的个人数据的技术和组织措施
要求:系统开发和维护	—	—	获取和维护应用软件			

续表

ISO 177799 安全标准	联邦金融机构检查委员会和《金融服务现代化法案》	《巴塞尔协议Ⅱ》	信息及相关技术控制目标	信息技术基础架构库	欧盟《数据保护指令》	英国《数据保护法案》
目的:系统安全需求:确保在信息系统中构建安全性,包括基础设施、业务应用程序和用户开发的应用程序	—	—	获取和维护技术基础设施	ITIL 并不特别关注系统开发	第4条:技术和组织措施,用以保障电子通信服务	—
第10.2节 要求:系统开发和维护	逻辑和管理访问控制	网络情报补丁管理	获取 获取和维护应用软件	ITIL 登记软件生命周期支持和业务视角设置	第20节:保障通信安全的措施	第7项原则:针对未经处理或非法处理的个人数据的技术和组织措施
目的:应用系统安全:防止在应用程序系统中丢失、修改或滥用用户数据	应用程序访问	系统管理	—	ITIL 并不特别关注系统开发	第4条:技术和组织措施,用以保障电子通信服务	—
第10.3节 要求:系统开发和维护	加密 —	活动内容过滤 Web 应用程序安全	不适用 —	ITIL 并不特别关注系统开发	第20节:保障通信安全的措施	第7项原则:针对未经处理或非法处理的个人数据的技术和组织措施
目的:密码控制:应将加密系统和技术用于带有风险的信息	—	病毒扫描器 系统管理	—	—	第4条:技术和组织措施,用以保障电子通信服务	—

续表

ISO 177799 安全标准	联邦金融机构检查委员会和《金融服务现代化法案》	《巴塞尔协议Ⅱ》	信息及相关技术控制目标	信息技术基础架构库	欧盟《数据保护指令》	英国《数据保护法案》
第10.4节	逻辑和管理访问控制	系统管理	交付	ITIL 主要不关注个体组成,例如数据、队列或消息	第20节:保障通信安全的措施	第7项原则:针对未经处理或非法处理的个人数据的技术和组织措施
要求:系统开发和维护	操作系统访问	—	确保系统安全			
目的:系统文件安全:访问系统文件应受监控	应用程序访问	—	管理配置管理变更	—	第4条:技术和组织措施,用以保障电子通信服务	—
第12.1节		不适用				
要求:合规	监管制度、资源和标准信息安全策略	—	计划:确保符合外部需求的合规性	4.3 审计和评估:IT系统的安全审查	第20节:保障通信安全的措施	第7项原则:针对未经处理或非法处理的个人数据的技术和组织措施
目的:符合法律要求:避免违反任何刑法和民法、法律规定、监管或合同	—	—	监控:监控过程评估内部控制充分性获得独立保证	—	第4条:技术和组织措施,用以保障电子通信服务	—
第12.2节	安全测试:测试功能和应用	风险管理资产管理	获取:安装和授权系统	4.3 审计和评估:IT系统的安全审查	第20节:保障通信安全的措施	第7项原则:针对未经处理或非法处理的个人数据的技术和组织措施
要求:合规	独立诊断测试	入侵检测				

续表

ISO 177799 安全标准	联邦金融机构检查委员会和《金融服务现代化法案》	《巴塞尔协议 II》	信息及相关技术控制目标	信息技术基础架构库	欧盟《数据保护指令》	英国《数据保护法案》
目的:安全政策和技术合规审查:应对适当的安全政策和技术平台进行审核,也应审计信息系统	关键因素外包系统监测和渗透检测	漏洞和渗透检测	监控:监控过程评估内部控制充分性获得独立保证	—	第4条:技术和组织措施,用以保障电子通信服务	—
第12.3节	安全测试:测试概念和应用程序	入侵检测	不适用	4.3 审计和评估:IT系统的安全审查	第20节:保障通信安全的措施	第7项原则:针对未经处理或非法处理的个人数据的技术和组织措施
要求:合规		漏洞和渗透测试	—			
目的:系统审计考虑:在系统审计期间应该有控制措施来保护操作系统和审计工具	—	—	—	—	第4条:技术和组织措施,用以保障电子通信服务	—

第八章
修复力与呼叫中心离岸外包：案例研究

　　本章试图证明在业务外包时需要全局考虑。如果外包业务缺乏整体考虑，就可能有导致信息基础设施遭到破坏的风险。本章强调了在私营部门信息基础设施优于其他基础设施的观点。呼叫中心是依赖于信息基础设施的业务，近年来越来越多的呼叫中心接受外包服务。本章将举例说明应当如何采用信息基础设施的战略方法，而不是战术方法来解决业务问题。这有助于区分修复力、恢复力和连续性这三者之间的概念。

　　"未来是未知的"——这一点很确定，所以届时有什么样的行业也是未知的。我们所知道的是，未来的行业有点像现在的，但更多的可能是"不同"。到目前为止，世界就是这么发展的。在电信领域，变革的步伐如此之快，以至于我们认为这可能会对未来的"不同"产生一定的影响。

　　今天，我们所有人都在这"互联"的世界中使用技术。用技术来管理我们的家园，订购商品和服务，通勤出行以及与别人保持手机交流。在"互联"的世界里，个人的需求层次已经归结为赚钱购买和支付手机的需要——之后，一切才皆有可能。当然，这样的情况仍属享有特权的少数人。但是，这类享有特权的少数人，实际上很快将要超过20世纪之交的总人口数。这类少数人实际上是一个庞大的群体。斯大林曾说过，数量巨大的人群（只是相对巨大），他们拥有自己的品质。

　　呼叫中心对这个"互联"的世界极其重要，它们是一切顺利运作的途径。呼叫中心可以是自动化的或"人工的"。无论哪种方式，它们都必须是可靠的，并且最重要的是，用户体验感要好。呼叫中心还必须具有盈利能力。

　　由于英语是特权交流者的主要语言（这并不是指所有的移动电话用户，而是指那些越来越多地使用信息基础设施来操控、组织他们的生活的人），因此呼叫中心的语言必然多半使用英语。例如，几年之后，美国、日本或欧洲中产阶级的品味就会产生，而中国的发展要慢一些。这将是财富汇集之地：全球 GDP 7 成以上，甚至更高比例的可支配收入。

电信基础设施也是一项必要条件。这不仅仅只是需要一个卫星接收站或交换站,而是需要由相应的灾难恢复以及支持服务来构建复杂光纤和无线基础设施。

设置呼叫中心最大的风险因素是可用人员,紧接着是灾难恢复。类似的中心和基础设施需要大量资本投资。它们不能安全地处于政治或经济风险高的地区。

保障业务运作所需的支持服务也各不相同。业务范围从计算机服务团队 24 小时待命替换关键项目,到市场研究公司寻找市场上期货购买趋势,这种技能组合只能在相对较少的成熟市场才能找到。呼叫中心越多,就越需要这样类型的服务。这些不是"无需技能的"的工作——而是需要掌握高新技术或拥有一流的营销技能,或者两者兼而有之。

长久经营的呼叫中心很少有关闭的情况;大多数呼叫中心开始扩张并且增加了许多业务。

总之,国际呼叫中心必须要:

- 有市场和产品;
- 拥有低成本的常驻地点,能够提供高质量的服务;
- 拥有可靠和用户友好的环境;
- 以英语为主导语言;
- 服务于主要"可支配"收入地区;
- 拥有基础设施和灾难恢复服务;
- 拥有劳动力储备池;
- 位于政治和经济风险较低的地区;
- 拥有高科技技能和一流的营销技能。

(注意:犹他州、科罗拉多州、利兹市、都柏林市、阿姆斯特丹市等地的实践经验不幸地表明,这些要求可能都需要在即时的地理区域内实现,而且不能被"电信化"。)

成本不仅对呼叫中心的发展至关重要,而且对于生产新的"嵌入式系统"以及确保呼叫中心持续发展所需的营销工具也非同小可。房屋建筑商、家庭用品制造商不愿意承担使用此类技术的风险,因为虽然成本相对较小,但所涉及的部分已然削弱了产品的利润率。因此,另一个悖论是,呼叫中心及相关期货产品的唯一选址区域是劳动力成本相对低廉的地区,但同时又能提供高新科技技术。美国和欧洲符合条件的区域相对较少。如果选址包括上述所需的其他因素,那么潜在的符合条件的区域将变得更少。

潜在的列表参见如下:

- 美国的某些地区;
- 英国的特定地区(北部和苏格兰是主要的,前者尤其拥有用户友好的环境);
- 爱尔兰共和国(尽管现在可能存在劳动力短缺的问题);
- 荷兰和比利时;
- 某些新兴的东欧国家,如罗马尼亚、波兰和捷克。英语在这些地区正在成为一种相对常见的第二语言;人们的口音令人愉悦,并且这里拥有高标准的工程、市场营销和基础设施。

这个列表很简短,实际上比那些可以选择的主要汽车厂、电子厂或工程厂的国家列表更短。同样的列表或多或少地会满足建立呼叫中心所需的大多数要求,但很少有其他地区可以参与竞争。即使经过尝试,多半遭遇令人尴尬的失败。

正如上文指出的那样,呼叫中心吸引的支持业务种类只能吸引高科技的劳动力。然而,这类业务也不尽相同。它们不仅要求高技能水平,而且还能提高当地的技能水平。

系统集成商——一群实际上对呼叫中心进行整合、维护的人——需要维护一群熟练掌握有线、无线通信的软件和硬件工程师。反过来,工程师们吸引了主要软、硬件制造商的分销商。分销商,他们又吸引了软、硬件的制造商。这些企业的销售、营销团队将他们的产品推销到相关的应用程序:过程控制、金融公司和当地政府。这提高了当地的技术使用水平和复杂程度,并对生产力产生了积极的影响。反过来,又吸引了新的业务。因此这个圈子始终在良性循环。只要相对廉价的劳动力资源一直存在,由于新获得的本地专业知识推动了行业的发展,那么呼叫中心通常保持不变。

恰当的灾难恢复业务并不便宜。在某些情况下,固定站点需要反映现有的操作,需要达到通过轻按开关或物理上的短时间就能获得的程度。成功完成上述一项任务所需的基础设施(在相当数量的故障条件下,维护现有设施、安全属性几乎能够使其免于灾难)根本还没有出现。即使在 G8 国家,也是如此。因此,灾难恢复的进一步要求限制了选址。危机管理、灾害规划的技能需要一批受过充分培训的人员才能获得。

这些人也无处不在。他们存在的地方也吸收了其他管理专业知识——

经常处理食品污染问题、环境控制以及各项关键基础设施的管理和保护。这又为该地区带来了另一层次的专业知识。

接着是专家支持服务:数据挖掘者、预测者和市场调查公司。这些公司带来了营销实践最前沿的研究技术。这些技术市场应用广泛。因此,他们出售给汽车制造商、冰激凌制造商和国际工程工厂。所有这些不仅提高了该地区的效率,而且进一步提高了此地的整体效能。实践经验告诉我们,这些公司确实转移到了呼叫中心所在的地区。

英语虽然是主要语言,但也需要其他语言。总体趋势是国际呼叫中心提高了当地整个地区的语言技能。大学开设了更多相关的课程,成人教育中心改变其教学大纲,以此满足特定劳动力的需求。整个地区变得更国际化,当地拥有更多更好的劳动力资源。由此产生的影响可谓令人瞠目结舌。我们来研究探讨爱尔兰发展局的做法。几年前,他们要求所有的学校写信给所有学生的家长,让家长告诉每个孩子,如果他们打算未来做生意,接下来5年内他们需要掌握哪些关键技能。今天,该项目取得了空前的成功。过去10年,爱尔兰共和国高技能人才辈出,出现了业务增长和失业率下降的良好兆头。

其他方面的培训也变得相当重要。由此对大学教育有类似的连锁效应。之前学生在学校接受进行基本的电话培训,现在他们开始学习复杂的编程课程。

接着是成本问题。能够提供激励措施,让呼叫中心成为具有吸引力的长期经济议题,这样的地区还是很少。能够形成所需的支持服务的地区更少,进一步能够将呼叫中心业务成为具有前瞻性思维业务的地区还是更少。那些符合条件的地区不必担心它们所吸引的呼叫中心将要换址,除非其他因素如风险状况变化发挥作用。这些地区有信心通过吸引呼叫中心业务,大力提高当地的整体技能水平和能力基础。

呼叫中心能够提高技术、工业环境的观点并非普遍接受。许多人认为他们只是临时居民,只是利用激励措施获得最佳利益。从历史和当前来说,实际经验似乎与此南辕北辙。那么未来会怎么样呢?

本章论述的前提是,未来将与现在大致相同但又大不相同:"不同面貌"可能源于电信和信息基础设施。可以肯定的是,我们的生活将会发生翻天覆地的变化。同样可以肯定的是,将会有新的产业诞生——不仅为电信提供商提供服务,而且还会产生目前未曾想到的新型企业。接听电话仍然是业务的关键部分，需要基础设施的支持。主要电信公司已拥有先进的呼叫中心技术，它们通过网站将客户连接到呼叫中心。提供此项服务呼叫中心并不需要物理移动，但它们的基础设施将得到改善。这些创新技术可以运用到很多地方，从医药选择到目录购物。这个目录购物将能够在满足你口味和预算的条件下，自动补充你购物车里的常规和喜爱之物。如有必要，它还会建议你改变饮食。推动这些事件发生的人不在硅谷——而是在特洛伊（密歇根州）、格里利（科罗拉多州）、科克（爱尔兰）、桑德兰（英国）、北布拉班特（荷兰）或法兰德斯（比利时）经常运营呼叫中心和研究中心的人。这些地区虽然现在还尚未认为是高科技卓越中心，但以后肯定会。

席卷电信业的变革影响将扩展到所有行业。一切将会变得更快，公司应对各种力量需要作出更快的反应。最先这样做并持续这样做的公司可能会接近现有行业的中心地带。

与此同时，我们亲历了美国"9·11"事件，也看到尤其是服务行业，其成本已经大幅度下降。过去几年，将呼叫中心从美国、欧洲站点外包到印度、菲律宾等地，已经成为一种趋势。通常，美国或欧洲呼叫中心的"坐席"费用高达 10 万美元，而每个"席位"的离岸外包可以节约 5 万美元甚至更多。与所有变化一样，离岸外包有便利和成本节省的问题。

呼叫中心是客户打电话寻求供应商提供满意服务的地方，这些服务包括查看选择、下单、跟踪订单、服务、投诉以及所描述的账户管理。呼叫中心可以明确地区分"内部的"和"外包的"。"内部的"呼叫中心往往与当事人在功能和地点上紧密相连。"外包的"呼叫中心倾向于为一系列客户提供类似的功能。处理后一种服务类型的大型全球性企业已经出现。内部呼叫中心很少外包于海外。然而，最近一些大型公司宣布将把内部呼叫中心的众多项功能进行外包。外包呼叫中心也越来越多地定位于海外。

许多西方金融、航空公司，特别是电信公司已经建立了呼叫中心，取代主要街道区域的通用客户服务。通用功能集中在一个地方，由电话代理公司代理所签约的公司向众多当事人提供类似的功能服务。快速消费品和政府服务也越来越多地交给呼叫中心处理，但它们与金融、航空和电信领域的外包方式不可能一模一样。金融服务业、航空公司和电信公司在外包方面处于领先地位，其他部门不太可能完全一致地照猫画虎。

多年来，呼叫中心外包一直是西方国内市场的特征。大约 7 年之前离岸外包的趋势就已经开始了；过去 4 年外包的步伐迅速加快。金融服务主要是成本推动了这种趋势,而航空公司、大型电信公司则是正在减少运营费用①。我们很难预测目前的趋势会持续多久。当然,只要离岸外包存在实际或预期的收益,那么这种趋势就很可能持续下去。但是,离岸外包也面临着一些挑战。这些挑战与行业的过度扩张、某些预期的整合、文化问题(特别是某些金融领域)、中层管理层的质量问题等都有关系,也与替代品的出现有关。

技术进步催生了离岸外包的替代方案。特别是在美国和欧洲的农村地区,一种新型的工作方式 Ki work② 和在家办公模式表明,通过当前离岸外包地点实现的成本节约,其中 80% 以上可以在国内实现。这种方法就是一家代理在家同时为单个或多个当事人工作。最近的研究似乎也表明,这种成本节约与人员保留率相匹配,即代理、呼叫中心保留的客户比离岸外包保留的客户多 3—5 倍。还会产生较低的人员"流失率",即代理人员在职的时间更长。客户和数据保护专员也对"外国"企业个人数据的存储位置表示担忧。人力资源成本是推动离岸外包的驱动力(因为代理商的成本通常是最大的成本因素),并且经常忽略当事人和供应商因距离而产生的数据传输成本,这个成本其实更高。

离岸外包的利弊可归纳如下:

表4　离岸外包的利弊比较

优点	缺点、风险
降低运营、直接成本	获得恰当的合作伙伴
快速实现	品质(偶尔)
通过合同变更管理	文化
品质(偶尔)	增加数据传输成本
灵活性	技术
	政治不稳定(参见关于非对称战争的论述)
	违反英国、欧洲数据保护立法,可能违反美国立法
	客户反感
	Ki Work 正在兴起

① 外包的更多优点参见 http://www.outsource2india.com/why_outsource/articles/Call_center_outsourcing.asp。(访问日期:2007.1.7)

② 关于 Ki work 的更多信息参见 http://www.ki-work.com。(访问日期:2007.1.7)

以下是主要关注领域的简要清单:

- 整体内部控制;
- 运营的效率和效能;
- 财务报告的可靠性;
- 遵守适用的法律法规;
- IT、电信;
- 关系的定义;
- 风险评估;
- 管理;
- 性能和容量;
- 持续服务;
- 监控流程;
- 保障;
- 国际数据传输的可用性、成本、修复力和恢复力。

类似的核对清单再一次揭示了战略性整合系统、强健电信基础设施以及策略上的业务连续性、灾难恢复计划的必要性。对于海外的呼叫中心来说,它们极需强健的修复能力,而且这份需求不容小觑。如果仅从策略、人力资源角度而不是从战略性、业务修复力的角度来处理这一需求,失败的可能性就很大。

Ki Work 综合利用了以下 3 种因素,改变了联络、管理中心的工作方式:

其一,尽管运营商开始关注交易的质量,但近期离岸外包的趋势是关注降低交易成本。

其二,宽带已经普及,网络支持技术现在可以用于安全的虚拟呼叫中心。

其三,工作场所压力的增加导致人们看待工作的方式发生变化。劳动者希望工作有更多的灵活性,能够平衡工作与生活。年轻一代的劳动者对管理工作关系的传统指令和控制方法不太感兴趣。

此外,适合联络、管理中心方法(称为流程所有者)工作的组织面临着种种没完没了的压力,包括降低成本、提高质量、减少员工流动率以及找到与工作岗位匹配的员工。

管理这些联络中心的公司(通常称为外包服务提供商,占所有联络中心的 12.5%)面临同样的问题。目前使用指挥控制结构的这一解决方案,要么是为了是提高自动化程度,离岸到印度这样的地方;要么是更多地关注客户价值。指挥控制结构的组织内部的员工承受着越来越大的压力,许多人积极寻找改善方法,以此维持工作与生活之间的平衡。与此同时,大量未开发和高技能的劳动者在家工作。他们正在寻求更有价值的工作方式,从而获得更多的灵活性和对生活的掌控。

Ki work 工作人员,通过安全的宽带与一个或多个外包服务提供商链接,实现在家办公。Ki work 公司管理网络使得员工能够访问工作任务,并在日常活动中提供相应的支持。Ki work 公司还提供了一些基础设施元素,使得流程的所有者和外包服务的提供商均能够访问管理该工作所需的信息。Ki work是一种高度可扩展且以网络为中心的解决方案。它可以在服务、生产力和成本方面实现真正的进步,并且可以匹配融合这 3 个方面的需求。

最受欢迎的离岸外包地区是印度、菲律宾和南非(如果主导语言是英语),墨西哥和南美(如果主导语言是西班牙语)。在这些地方,大量资金投入到基础设施建设、资本化运作和游说活动。即使在目前的增长率保持不变的情况下,也存在一些对投资回报率的担忧。这自然会导致合并以及当事人潜在的风险。

第九章
信息基础设施修复力、恢复力和安全性

　　本章基本上了汇集前几章的大部分内容,与早期的陈述和论述可能会有一些重复。通过将上述众多思想综合到一章来讲,这将有助于理清逻辑。我们通过探索信息基础设施,电信修复力、恢复力、安全性之间的关系,强调它们之间的战略重要性来达到上述目标。人们对它们之间的关系既没有深入的了解,也没有翔实的记录。然而,对于维持信息基础设施的秩序、发展和凝聚力,我们有必要采用哲学和务实的方法论。因为现在的形势很明晰,世界经济体的可持续性发展越来越依赖于信息基础设施的可靠运作。

　　2000 年,对于信息基础设施及相关行业是重要的一年。2000 年千年虫问题(Y2K)导致的计算机稳定性和日历问题并未让世界崩溃。Eos①(2004)描述了此次事件真实的运作状况。近年来,人类越来越依赖计算机得以生存,这主要取决于 Y2K 相关项目,这些项目确定了人们依赖计算机的方式和原因。".com"泡沫事实上已经破灭。Bloor②(2000)汇编了"dot.com"之梦的结局。第二年,千禧年的第一年——2001 年,几乎同样意义重大。2001 年是美国经济开始出现大规模生产力增长的一年。因为是在电信业推动了企业对企业(B2B)生产力提升的背景下发生的(《经济学家》、彭博新闻社、《商业周刊》和《欧罗巴》③(2004)以及其他机构进行了跟踪报道)。

---

　　① The Eos Life—Work Resource Centre Y2K Update. 参见 http://www.eoslifework.co.uk/Y2Kupdate.htm。(访问日期:2007.1.3)

　　② Bloor,R (2000) The Destruction of Dot Com Dreams. 参见 http://www.itanalysis.com/article.php?articleid=1429。(访问日期:2007.1.3)

　　③ 《欧罗巴》(2004) 参见 http://www.europa.eu.int/abc/index2 _ en.htm。(访问日期:2007.1.3)

表5　2003年OECD国家宽带接入、电信和数据使用代理（来源：OECD[①]）

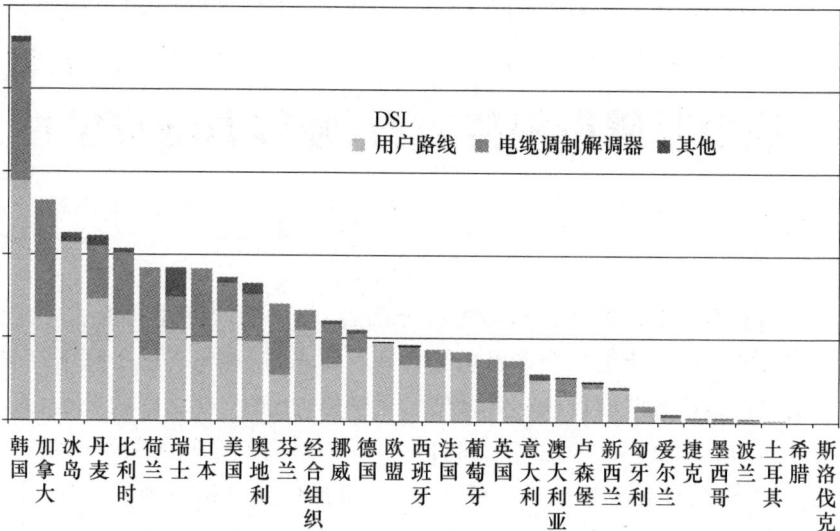

可以看到电信运营商的保守主义发展成为Y2K的反制点，也是对".com"泡沫的反应。这种保守主义部分归功于Y2K之后与计算机和信息基础设施相关项目的支出减少，从而减少了企业对消费者（B2C）发展的炒作，有利于B2B的运作。与此同时，根据英国标准协会及其他机构，企业标准的发展步伐也开始加快。2001年美国纽约世界贸易中心发生的"9·11"事件让世人铭记于心，从而加速了这些变化。

世界最大经济体（OECD）存在着大量电信业务，这些电信业务是OECD组织与其他国家之间增长率差异的推动力。

因此，信息基础设施及相关系统显然是日常生活、经济发展和全球化的核心，也是一个关键的战略资源。信息基础设施是关键基础设施的一种。

电信系统的原理是发射器、媒介（线路）以及可能是施加媒介的频道和接收器。发送器是将消息转换或编码为物理现象——信号的设备。传输媒介由于其物理特性，可能会修改或降低从发送器到接收器路径上的信号。接收器具有解码机制，能够将某种劣化程度的信号恢复原样。在某些情况下，最终的"接收器"是人眼、耳朵（或者在某些极端情况下是其他感觉器

① 资料来源参见 http：//www. oecd. org/document/16/0,2340,en_2649_34225_35526608_1_1_1_1,00. html。（访问日期：2007. 1. 7）

官），消息的恢复由大脑完成（参见心理声学）①（2004）。

　　请注意，由于该系统位于信息基础设施之上，因此它既依赖于信息基础设施，又是信息基础设施的一部分。信息基础设施包括基础设施和系统。

　　从描述中我们可以推断，"信息基础设施恢复力"这个术语存在相当的矛盾性。虽然事实并非如此，但确实存在一系列的依赖关系。这种依赖关系使得信息基础设施网络的安全运行不是简单或必然安全的任务。我们可以使用适当的软件来呈现这些依赖关系，例如，建立依赖关系建模工具（Wong，2003）②③预测失败概率，以及预想事件及单点故障的最差组合。为了减少障碍，在充分理解依赖性的基础之上，必须使得电信基础设施尽可能具有修复力、可恢复性，这点非常重要。

　　查阅现有文献可以发现，信息基础设施的修复力是电信行业中研究最不充分和最不发达的领域之一，与此相关的文章很少。我们能够非常清楚地了解到，从硬件连线的国家电信网络到万维网的任何事物，经常会猝不及防地掉线，认识到这一点当然至关重要。中国香港金融管理局④（2002）吸取美国"9·11"事件的经验教训，总结了此类活动所涉及的主要问题，也提出了有关修复力的一般假设。例如，物理网络越开放恢复力越不灵活；系统恢复越容易，修复力就越强。

　　Anderson⑤（2002）很好地阐述了支持及反对开放系统正反两方面的观点，这些系统是电信网络的一部分。它们位于物理基础设施的顶端。Anderson 指出，开放和封闭系统的可靠性统计差异是微乎其微的。虽然物理网络不一定是这种情况，但是封闭网络比开放网络更安全的观点无论在统计上还是在商业上都尚未得到证实。

---

　　①　Free Dictionary. com. 参见 http：//encyclopedia. thefreedictionary. com/Teleco mmunications% 20service。（访问日期：2007. 1. 7）

　　②　Wong，A（2003）Before and Beyond Systems：An Empirical Modeling Approach，Ph. D. Thesis. Department of Computer Science，University of Warwick，UK，January. 参见 http：//www. dcs. warwick. ac. uk/~allan。（访问日期：2007. 1. 7）

　　③　另见 John Gordon 教授的依赖建模工具，现在称为 VuRisk。参见 http：//www. johngordonsweb. co. uk/concept/about. html。（访问日期：2007. 1. 7）

　　④　Banking Development Department Hong Kong Monetary Authority（2002）Business Continuity Planning After 9/11，Hong Kong Monetary Authority Quarterly Bulletin，11.

　　⑤　Anderson，R（2002）Security in Open Versus Closed Systems—The Dance of Boltzmann，Coase and Moore. 参见 http：//www. ftp. cl. cam. ac. uk/ftp/users/rja14/toulouse. pdf。（访问日期：2007. 1. 7）

Reardon①(2004)评论了微软等商业公司大规模部署、开发专有和表面安全系统的危险。Anderson②(2004)的评论和计算机与电信行业协会③的观点颇为接近。当然,也有相反的论点④。

本章不打算论述是支持或反对开放网络。开放系统和封闭系统各有利弊。如果保持现状,那么无论是开放还是封闭,都需要改善系统的修复力。在现有的开放系统中发展修复力引发了一系列社会、技术、环境和法律问题,而对此我们已评论过。如果 Anderson⑤(2004)是对的,那么我们认为在系统和网络 2 个方面都需要在维护网络方面发挥更大的"防御"作用。美国众议院⑥(1996 年之后)正密切关注这个问题。

"防御"问题不仅在"控"制层面上显而易见,在操作层面也是如此。Kendra 等人⑦(2003)对于"9·11"事件防御方面的评论如下。

因此,修复力要求:

其一,高度的组织技艺,依次由个体执行工艺组成。

其二,能够回应社会、技术和自然系统相互作用中的异常性,这需要艺术性;每次新体验了解与先前经验相同和不同之处,以便不断调整,感知异常、学习重现,并将其纳入下一个增量响应单元。

高度可靠性组织,例如潜艇和航空母舰,往往能找到类似的修复能力。Rochlin 等人⑧(1987)论述了这些特定实体具有修复力的原因。

修复力不是承受压力的稳健性,不是替代作用的冗余备份,不是关于编

---

① Reardon,M (2004) Microsoft and Cisco Clash on Security CNET. news. com. 17 September. 参见 http://insight. zdnet. co. uk/internet/security/0,39020457,39166968,00. htm。(访问日期:2004. 1. 7)

② Anderson, R (2004) Trusted Computing. 参见 http://www. cl. cam. ac. uk/~ rja14/tcpa-faq. html。(访问日期:2007. 1. 7)

③ Report on Cybernet Insecurity. 参见 http://www. ccianet. org/papers/ cyberinsecurity. pdf。(访问日期:2007. 1. 6)

④ 认为微软不会对美国国家安全构成威胁的观点。参见 http://news. netcraft. com/archives/2004/2005/28report_microsoft_not_a_threat_to_us_national_security. html。(访问日期:2007. 1. 6)

⑤ Anderson, R (2004) Trusted Computing. 参见 http://www. cl. cam. ac. uk/~ rja14/tcpa-faq. html。(访问日期:2007. 1. 7)

⑥ United States. House of Representatives. (1996) *The Cyber-Posture of the National Information Infrastructure.* Washington. Chairman:Willis H Ware. 参见 http://www. rand. org/publications/MR/MR976/mr976. html。(访问日期:2007. 1. 7)

⑦ Kendra, JM, Elements of Resilience After the World Trade Centre Disaster: Reconstituting New York City's Emergency Operations Centre. Disasters,27(1) pp. 37-53.

⑧ Rochlin, GI, The Self-Designing High Reliability Organization: Aircraft Carrier Flight Operations at Sea,Naval War College Review,Autumn.

组的足智多谋,不是时间上的快速性,而是"这些特征也可能是伸缩关系,其中构成社会技术系统元素的稳健性、冗余性、巧思性和快速性组成了系统的整体修复力"Kendra 等人[1](2003)。

　　儿童的修复力(适应能力)已被充分记录。Grotberg[2](1998)确定了 15 项适应力元素——这些元素可以与 Rochlin 等人[3](1987)的高度可靠性组织中的元素进行比较。

表6　修复力品质比较

Grotberg(1998)——具备修复能力的儿童	Rochlin 等人(1987)——高度可靠性组织运营商的特质
可信网络	信任
行为限制	纪律
展示如何把事情作正确	教学组织
生病时得到帮助	支持
学会独立	学习型组织
我被喜欢和被爱	友情
我表现良好	行为规范
我受人尊敬	层次移情的组织
我是负责的	责任明确
我是自信的	自信
可以沟通	正式和非正式的沟通
可以解决问题	解决问题
事情出错时可以控制	自适应
机会主义	机会主义
可在需要时获得帮助	可在需要时获得帮助

　　Grotberg[4](1998)的 15 个特征在高可靠性组织的运营商中也可以找到,因此我们合理地论证这些特性是具备修复能力电信网络中存在的共同特

---

　　① Kendra,JM,Elements of Resilience After the World Trade Centre Disaster:Reconstituting New York City's Emergency Operations Centre. Disasters,27(1) pp. 37-53.

　　② Grotberg,E,The International Resilience Project,55th Annual Convention International Council of Psychologists,Graz,Austria,July 14-18,1997. (published1998)

　　③ Rochlin,GI,The Self-Designing High Reliability Organization:Aircraft Carrier Flight Operations at Sea,Naval War College Review,Autumn.

　　④ 参见 http://www. cl. cam. ac. uk/~rja14/tcpa-faq. html。(访问日期:2007. 1. 7)

性。正如 Kendra 等人①(2003)所建议的那样,这些特征在设备和运营者两个方面都可以轻而易举地找到 Rochlin 等人②(1987)。

具备修复能力的信息基础设施网络所需的特性似乎很少见。它们显然是以防御为导向的情形。在具有防御心理的组织中,这一点不言而喻。个别观察表明它们在 EDS③ 和 Qinetiq④ 等公司运营中表现得相当突出;在金融服务行业的某些部门也变得明显,但在其他地方似乎并不存在。

信息基础设施的修复力通常与电信灾难恢复、业务连续性规划的概念相混淆。从困难中"反弹"固然很重要的,但回归到"原始"形式也很重要。目前业界对灾难恢复和业务连续性计划的重视类似于"马脱缰后,才去关上马厩的门",而不是首先确保门的安全,确实需要加强门的安全性能。信息基础设施的修复力至关重要。这是从战略层面考虑的,而不是仅仅指战术方法。

信息基础设施的恢复是应用和原始研究的一个领域,人们研究恢复力比修复力的成果更多——因为它比修复力更易解决。英国标准 BS 7799,信息安全标准和英国标准协会的业务连续性标准 BS 25999 都是处理这类修复力的标准,而不是真正描述信息基础设施修复力的标准。而恢复力是假定某些事情会出错,并制定计划以确保它们从错误中恢复。从简单的层面来说,这是用一个路由器替换另一个路由器的方法,是关于构建冗余备份。冗余备份与修复力大不相同。冗余备份是短期的解决方案,而修复力是长期的解决方案。短期内,长期修复往往比短期修复更昂贵,但从长远来看,长期修复更为划算。恢复力和冗余备份涉及的是真正的修复力失效之后的具体做法。所以,恢复力和冗余备份也是重要的。全方面未雨绸缪的单位将更快从困难中恢复过来,之后的运行也将更加顺畅。

关于灾难恢复、业务连续性的学科是否是修复力或恢复力的一部分,还有一些小范围的争论。本章将讨论一旦修复力失灵,这两个学科都是恢复过程的一部分。

安全是一种远离危险或伤害的状态;修复力是指在变形后能够恢复原

---

① Kendra,JM,Elements of Resilience After the World Trade Centre Disaster:Reconstituting New York City's Emergency Operations Centre. Disasters,27(1) pp. 37-53.

② Rochlin,GI,The Self-Designing High Reliability Organization:Aircraft Carrier Flight Operations at Sea,Naval War College Review,Autumn.

③ 更多信息参见 http://www.eds.com。(访问日期:2007.1.7)

④ 更多信息参见 http://www.qinetiq.com。(访问日期:2007.1.7)

始形态。

信息基础设施安全性与修复力、恢复力和冗余备份略有不同。维持信息基础设施安全所需的 4 个关键因素是人员、物质、系统和电子安全性。这包括修复力、恢复力和冗余性。目前,安全电信往往是封闭式电信、机密的(经过安全审查的个人)、物理安全、系统安全和电子安全。多数时候,大多数人都和开放系统打交道,这些系统几乎没有经过审查,并且在物理和电子方面都不安全。这就是认知和现状,尽管在某些情况下,正如 Anderson(2002)所述,开放系统在统计意义上可能同封闭式软件系统一样安全。

现在,信息基础设施是关键基础设施,所有 OECD 经济体都依赖于它。修复力、恢复力和冗余备份并不是一回事。在信息基础设施和电信系统的维护方面,修复力是一个未被充分研究但趣味十足的关键领域。儿童和高度可靠性组织在构建修复力方面,以及具备修复能力的信息基础设施所拥有的品质之间存在明显的相似之处。封闭系统不一定就是安全的,开放系统也不一定就是不安全的,但安全性一定依赖于修复能力。

第十章

提升个人、企业、国家和国际修复力，以及改进关键基础设施与关键信息基础设施的建议

本章旨在个人、企业、国家和国际层面提出增强关键基础设施和关键信息基础设施修复力的具体意见。

◎ 个人

在儿童身上，我们需要培养 Grotberg[①]（1998）所指出的特质：

- 可信网络；
- 行为限制；
- 展示如何把事情作正确；
- 生病时得到帮助；
- 学会独立；
- 我被喜欢和被爱；
- 我表现良好；
- 我受人尊敬；
- 我是负责的；
- 我是自信的；
- 可以沟通；
- 可以解决问题；
- 事情出错时可以控制；
- 机会主义；

[①] Grotberg, E (1998) The International Resilience Project, 55th Annual Convention International Council of Psychologists, Graz, Austria, July 14-18, 1997. (published1998)

- 可在需要时获得帮助。

这些特征必须在教育中有所体现，同时教育也应培养计算能力和读写能力。这些是家长、老师在孩子16岁左右到成年之间传递给他们的15项能力。在 OECD 国家，这是一个其实不应该成为问题的问题。显而易见，这些能力都是未来所需要的生活技能。在成人环境中，有必要培养 Rochlin 等人（1987）①提到的高度可靠性组织运营商的特质：

- 信任；
- 纪律；
- 教学组织；
- 支持；
- 学习型组织；
- 友情；
- 行为规范；
- 层次移情的组织；
- 责任明确；
- 自信；
- 正式和非正式的沟通；
- 解决问题；
- 自适应；
- 机会主义；
- 可在需要时获得帮助。

其他的个人修复能力包括知道如何种植和收获食物、锻炼、在家中使用替代燃料、保护自己免受禽流感（通过了解关键的个人卫生规则），并制定某种个人计划来维持生存食物和应对其他物资短缺。最重要的是，要在一个具有明确定义的价值观的社会中处理这一切。总的来说，他们得靠能力生活。

◎ 企业

在企业环境中，我们建议4个关键因素很重要：

- 了解通常业务策略；
- 了解如何管理复杂性；

---

① Rochlin，GI，The Self-Designing High Reliability Organization：Aircraft Carrier Flight Operations at Sea，Naval War College Review，Autumn.

- 了解阻碍性营销和非对称战争的威胁和反威胁；
- 帮助防御关键信息基础设施。

前 2 个因素超出了本书论述的范围，但无论如何它们都是任何一家企业应该做的事情。Pearson[1]（1988）和 Wood[2]（2000），以及其他无数的 MBA 和商业课程以简明的形式提供了前 2 个方面的帮助。

关于第三点，从 Hyslop（1999）的论述中我们可以明显看出，许多大公司都了解这些威胁。供应链内部及中小企业对如何应对这些威胁的理解不够深入。《萨班斯—奥克斯利法案》也面临着类似的问题——大公司了解原因并花费资金进行遵守，但供应链企业（特别是非美国的供应链）似乎不确定为什么要遵守。在中小企业层面，它减缓了美国企业的发展。与中小企业有联系的人是商会和小企业联合会。最终，他们需要帮助成员发挥更正式的作用，在应对非对称战争和阻碍性营销威胁中生存下来。小企业需要一些在线指导，特别是关于如何管理其信息基础设施，以及应对其他非对称战争和阻碍性营销的威胁。

在大公司层面，企业必须与国防部合作，以便了解非对称战争和阻碍性营销的威胁，保护自身及其市场。在信息基础设施层面，还需要做更多的工作来协调和通知。这不仅针对信息基础设施，也是针对所有其他关键基础设施所需的防御。也就是说，我们应当建立适当的协会，制定标准并制定严格的信息基础设施管理方法。这种方法可以大致参考过去对石油和电话行业起作用的方法。这并不是强加约束来暗示责任。在可靠性和安全性方面，信息基础设施需要与航空业处于同一水平。我们希望美国和欧洲企业在国防和电子环境的创建方面将有更多的合作。不应鼓励仅仅依靠为了节约人力资源成本向发展中国家的外包行为，而应鼓励各方面的战略方针。

◎ 国家层面

以下声明总结了 OECD 国家面临的主要威胁，美国的全球力量取决于 3 个方面的能力：太空、海洋和网络空间[3]。该陈述是从一篇关于新型太空防御模型的文章中释义出来的。英国将国际恐怖主义、北爱尔兰、大规模毁灭

---

① Pearson, Common Sense Business Strategy. Mercury.

② Wood, Managing Complexity. The Economist.

③ Cebrowski, AK and Raymond, Operationally Responsive Space: A New Defense Business Model. *Parameters*, Summer.

性武器和间谍活动视为英国的主要威胁[①]。2003 年 12 月的欧洲安全战略[②],极好地界定了欧洲的新威胁:

- 恐怖主义;
- 大规模杀伤性武器的扩散;
- 区域冲突;
- 政府失灵;
- 有组织犯罪。

澳大利亚、新西兰定义的威胁与英国的情况大致相同[③]。

威胁显然彼此相关,而且环环相扣,一个威胁可以导致另一个威胁。因此,区域冲突可能导致组织犯罪迅速发展,最终导致政府失灵。组织犯罪可能升级为恐怖主义。现在,对国际社会构成的最大威胁是拥有大规模杀伤性武器的恐怖分子[④]。

如果对这些威胁进行全面审视,那么就会有以下共同理解:

- 恐怖主义;
- 大规模杀伤性武器;
- 区域冲突;
- 有组织犯罪;
- 间谍行动。

这些主要是非对称战争的威胁。从常规威胁中,我们应细化了解对关键基础设施、商业和关键信息基础设施的特定威胁。鉴于众多基础设施拥有权掌握在私人手中,因此必须建立某种公私伙伴关系来对抗它们。如果这种伙伴关系不是在国家层面,那么也应当在联邦或国际层面。任何了解欧盟委员会或任何其他联邦机构的人都能理解在这种层面上有效合作是有多么困难。

为了应对这些威胁,所有联邦和州目前都使用陆军、海军、空军、情报服

---

① http://www.mi5.gov.uk。(访问日期:2007.1.7)

② Bailes,AJK (2005) European Security Strategy, an Evolutionary History, *SIPRI Policy Paper No.10*,Stockholm International Peace Research Institute,February. 参见 http://www.sipri.org/contents/editors/publications/ESS_PPrapport.pdf。(访问日期:2007.1.7)

③ 参见 http://www.australia.or.jp/english/seifu/pressreleases/index.html? pid = defense20030226b。(访问日期:2007.1.7)

④ Dorfer,I (2004) *Old and New Security Threats to Europe*. 参见 http://www.Afes press.de/pdf/Doerfer_Mont_9.pdf。(访问日期:2007.1.7)

务（包括电子窃听）和警察的组合机构。这些是非对称战争或国家战争间的传统工具。然而，本书的大部分内容都是关于关键基础设施、关键信息基础设施的修复力对非对称战争在政治和经济背景下产生的影响。国家所面临的威胁需要类似的方法。许多关键基础设施根本没有保护措施。关键信息基础设施，尤其在美国以外的地区，因为大部分都在商业手中，几乎没有什么保护措施。各种来源证据明确表明，各种恐怖分子利用信息基础设施进行交流、思考、谋划和付诸行动。这一切表明，为了迎接新的威胁，我们必须建立一种新型的防御模型。显然，由于众多关键基础设施、关键信息基础设施的拥有权归企业所有，因此在联邦、州和商业之间需要建立比通常所认为的更加紧密的联系。考虑到军事、工业、电子产业的复杂性，美国在这方面可能比其他广受好评的模型更接近现代工作运营。

在 OECD 国家，有必要清楚如何抵御某些非常具体的威胁：

- 实施恐怖主义破坏关键基础设施和关键信息基础设施；
- 使用大规模杀伤性武器破坏关键基础设施和关键信息基础设施；
- 实施组织犯罪破坏关键基础设施和关键信息基础设施；
- 实施间谍活动破坏关键基础设施和关键信息基础设施。

这些需要新的或改进的防御组织。

常规威胁有：

- 区域冲突；
- 国家与国家的战争。

常规威胁需要更多传统防御组织。

◎ 国际层面

关键基础设施、关键信息基础设施本质上不再是国家层面的问题了。关键基础设施仍然主要是国家层面的，但即使在这里也有重大问题。一个有趣的例子是法国加来海峡省的代表，希望通过放弃在该区格拉沃利讷市（Gravelines）建立核电站的运动来展示其环保倡议。人们意识到，加来海峡工厂向距离海峡约 40 公里邻近的英国肯特郡（Kent）出口核电，获得了大量金钱收入。由于资源所有权大量地从公有转移到私有，关键基础设施也比 50 年前更加私有化。关键信息基础设施，无论从哪个方面都很难看出只是具有国家性质，它本质上是具有国际性的。迄今为止，美国主导的基础设施和流程,在 OECD 国家中占主导地位①。

　　涵盖关键基础设施、关键信息基础设施的大部分国际、跨国组织相对较少。他们是 OECD 组织②、欧洲联盟③、八国集团(G8)④、北约⑤和联合国⑥。这些组织都有涉及关键基础设施、关键信息基础设施的相关议题,但并非每个组织都在构建修复力方面具有实质性的成效工作。有些组织是国际讨论、合作探讨和行动联盟。只有两个具有强制意义上的防御措施,一个是北约,另一个是联合国。北约并未涵盖所有地理位置;联合国涵盖了所有的地理位置,但也许没有所谓的尊重。每个组织对问题的处理方法略有不同。

　　欧盟对关键基础设施、关键信息基础设施存有众多担忧。正式的文件在《里斯本议程》⑦及相关政策和电子政策,非正式的表述在委员会内部。人们无意识地对许多漏洞都非常关注,这可以通过对各种研究项目得以间接证明,尤其是对于框架6和框架7计划中的安全和电子安全方面。关键基础设施保护问题在2013年⑧欧盟预算之下列举了各项处理举措。Masera⑨ 对此进行了富有意义的总结,他陈述的实质是,尽管人们认识到了问题的存在,资金也已分配给了各项具体的解决方案,但问题尚未得到解决。为处理关键信息基础设施保护,我们建立了一些机构。主要的欧洲机构是欧洲网络与信息安全局(ENISA)⑩。尽管 ENISA 的建立带来了希望,但实际情况却有些令人失望。首先,该机构并不是操作层面上的。它只是提供协调的、信息性的,有时只是传递战略性的简报。欧洲委员会不愿意让它发挥操作作用,因为这会干扰一些国家和国际层面现有的业务机构,例如现有的情报机

　　①　代理数据参见 http://www.websiteoptimization.com/bw/0510。(访问日期:2007.1.7)

　　②　参见 http://www.oecd.org。(访问日期:2007.1.7)

　　③　参见 http://www.europa.eu。(访问日期:2007.1.7)

　　④　参见 http://www.g7.utoronto.ca/what_isg8.html。(访问日期:2007.1.7)

　　⑤　参见 http://www.nato.int。(访问日期:2007.1.7)

　　⑥　参见 http://www.un.org。(访问日期:2007.1.7)

　　⑦　《里斯本议程》参见 http://www.euractiv.com/en/agenda2004/lisbon-agenda/article_117510。(访问日期:2007.1.7)

　　⑧　信息参见 http://ec.europa.eu/enterprise/security/articles/article_2006-09-25-kf_en.htm。(访问日期:2007.1.7)

　　⑨　Masera,M(2005)Critical Infrastructures and European Policies. IRGC Conference, European Commission,Beijing,China. 20September. 参见 http://www.irgc.org/irgc/knowledge_centre/irgceventmaterial/_b/contentFiles/IRGC% 202005% 20Gen% 20Conf _ Marcelo% 20Masera.pdf。(访问日期:2007.1.7)

　　⑩　ENISA 信息参见 http://www.enisa.eu.int。(Accessed:7 December 2007)

构和欧洲刑警组织。第二点令人失望的地方是在希腊克里特岛的伊拉克利翁建立基地的决定。这是一个出于政治动机的决定,而不是一个由业务驱动的决策,只是出于在最后一轮国家一体化之前建立分配机构的需要。因此,该机构既摆放在了错误的位置,可以说,又履行着错误的职能。因此,我们需要非常重视打击恐怖主义的物理影响的显在要求。这有助于部分地保护关键基础设施。

八国集团①(G8)在确认关键基础设施、关键信息基础设施原则的制定过程中有着良好的历史。

G8 最初于 1995 年阐述了这一问题,并于 2000 年制定了《全球信息社会冲绳宪章》,体现了 CECO 组织信息系统安全准则。重要的是,它承认公共和私人机构需要共同努力。2003 年 G8 通过了 11 项原则,其保护关键信息基础设施②的原则如下:

- 建立预警网络;
- 促成伙伴合作关系;
- 维护危机通信网络;
- 便于追踪攻击;
- 培训和锻炼;
- 适当的法律和训练有素的人员;
- 国际合作;
- 促进适当的研究。

这些原则很好,但只是建议性的,并没有真正的运作强制力。

在 OECD 组织,信息安全和隐私工作小组(WPISP)联通了全球途径。类似的决议和建议有助于政府和企业;通过信息出版和统计数据,人们对此的认识提高了。2002 年,OECD 内部通过了信息系统和网络安全准则:走向安全文化。该指南是行业、企业和社会之间三方共同协商的结果。2003 年 10 月,OECD 信息系统和网络安全全球论坛③会议召开并取得了以下主要成果:

- 提高对于保卫关键基础设施以及商业和消费者信息的安全信息系统

---

① 八国集团信息参见 http://www. g8. utoronto. ca/summit/ 2003evian/press_statement_march24_2003. html。(访问日期:2007. 1. 7)

② G8 Principles for Protecting Critical Information Infrastructures, in *NISCC Quarterly*, April-June 2003,p. 9,http://www. niscc. gov. uk/quarterly/NQ_April03_JUNE03. pdf. (访问日期:2007. 1. 7)

③ 信息参见 http://www. oecd. org. document/38/0,2340,en_21571361_ 36139259_16193702_1。(访问日期:2007. 1. 7)

和网络的重要性的认识；

- 加强了对 OECD 组织安全准则的了解；
- 鼓励为有效保护信息系统的组织开发和推广安全架构；
- 探索在保卫 IT 基础设施方面使用技术和安全标准；

与其他国际机构一样，联合国尚未采取等量的措施来发展、制定关键基础设施或关键信息基础设施的信息和政策。联合国在 2001 年 11 月成立了联合国信息通信技术特别小组。2002 年 9 月，工作小组发布了《信息安全——未知领域的网络威胁和网络安全的生存指南》①。该出版物提出了 7 项建议：

- 推荐 1：意识到问题的存在；
- 推荐 2：设计信息安全策略；
- 推荐 3：立即实施一些简单的补救措施；
- 推荐 4：及时寻求专业帮助；
- 推荐 5：采用国际标准和其他最佳实践。采用 ISO 17799 等国际标准以及其他久经考验的最佳实践，可以极大地帮助保护你的系统免受外部威胁；
- 推荐 6：识别国家立法的空白；
- 推荐 7：鼓励联合国立即着手创建有关网络空间的法律文件。在这个问题上几乎没有完整的国际法，由此造成了惊人的真空地带。

OECD 组织在促进公共服务和企业活动的良好治理方面发挥着重要作用。它有助于政府通过部门监测确保关键经济领域的响应能力。通过辨认新出现的问题并确定有效的政策，帮助政策制定者把握战略方向。个别国家调查和审查表明，这一点众所周知。OECD 组织制定国际商定的方法、决定和建议，以便在经济全球化时代需要多边协议取得进展的个别国家能够推广游戏规则。如新兴经济体、可持续发展、地域经济和援助行动等活动所示，分享增长带来的好处也至关重要。对话、共识、同行评审和压力是 OECD 组织的核心。其管理机构——理事会，由成员国的代表组成。它为经合组织委员会的工作提供指导，并决定年度预算。

建议 OECD 组织承担相应的国际战略责任，以促进关键基础设施和关键信息基础设施的建设。创建修复力的方法应包括与国际思想领导者——

---

① 信息参见 http://www.unicttaskforce.org/perl/documents.pl? id=1152。（访问日期：2007.1.7）

特别是英国(国家信息安全协调中心)①、澳大利亚(司法部)②、新西兰(重要基础设施保护中心)③和美国(国土安全部)④的直接联络。

因此,它将具有可以实现的区域、尊重意图和资源种类。北约组织在国际防务领域是最有经验和最有效的机构。《北大西洋公约》的前5条规定如下。

《北大西洋公约》

华盛顿特区—1949年4月4日

本公约各缔约国重申其对于《联合国宪章》宗旨与原则所具之信念,及其对于一切民族与一切政府和平相处之愿望,决心保障基于民主、个人自由及法治原则的各该国人民之自由、共同传统及文明,愿意促进北大西洋区域之安全与幸福,决定联合一切力量,进行集体防御及维护和平与安全,因此同意此项《北大西洋公约》:

第一条

各缔约国保证依《联合国宪章》之规定,以和平方式解决任何有关各该国之国际争端,其方式在使国际之和平与安全及公理不致遭受危害,并在其国际关系中避免采用不符合联合国宗旨之武力威胁或使用武力。

第二条

缔约国应加强其自由制度,实现对于此种制度所基之原则的良好了解,促进安全与幸福之条件,以推进和平与友善之国际关系向前发展。缔约国应消除其国际经济政策中之冲突,并鼓励任何缔约国或所有缔约国之间的经济合作。

第三条

为更有效地达成本条约之目的起见,缔约国的个别或集体以不断的而有效的自助及互助方法,维持并发展其单独及集体抵抗武装攻击之能力。

第四条

无论何时任何一方缔约国认为缔约国中任何一国领土之完整、政治独立或安全遭受威胁,各缔约国应共同协商。

---

① 信息参见 http://www.niscc.gov.uk。(访问日期:2007.1.7)
② 信息参见 http://www.ag.gov.au。(访问日期:2007.1.7)
③ 信息参见 http://www.ccip.govt.nz。(访问日期:2007.1.7)
④ 信息参见 http://www.dhs.gov。(访问日期:2007.1.7)

第五条

各缔约国同意,对于欧洲或北美之某个或数个缔约国之武装攻击,应视为对缔约国全体之攻击。因此,缔约国同意,如此类武装攻击发生,每一缔约国按照《联合国宪章》第五十一条所承认之单独或集体自卫权利之行使,应单独并会同其他缔约国采取视为必要之行动,包括武力之使用,协助被攻击之一国或数国以恢复并维持北大西洋区域之安全。此等武装攻击及因此而采取之一切措施,均应立即呈报联合国安全理事会,在安全理事会采取恢复并维持国际和平及安全之必要措施时,此项措施应即终止。

前 5 条可用于作为保护国际关键基础设施和关键信息基础设施的文件基础。在关键信息基础设施领域,大多数国际基础设施已经掌握在现有的北约组织成员手中。在里加峰会及之前,北约组织已经进行了各种尝试,包括涉及网络攻击。北约组织的基础是防御武装袭击。在国际、非对称战争的背景下,武装袭击是一个日益过时的术语。建议北约组织成为关键基础设施和关键信息基础设施保护方面国际修复力的运营部门。它有可以实现的区域、尊重意图和资源种类。在实地交付方面,需要与一些机构合作,比如与战略和业务部门合作。在协调任务的不同方面,建议如下:

- 研究可以由 ETH[①] 或 I3P[②] 等机构进行;
- 可以在国际法委员会的主持下制定和修订国际法[③];
- Politech Institute[④] 协调公共部门的观点(因为它已经有专门的基础设施来做这件事);
- ICC 网络犯罪[⑤]部门协调私营部门(因为它已经有专门的基础设施来做这件事);
- ENISA[⑥] 协调关键信息基础设施的输入(因为它已经有专门的基础设施来执行此操作);
- NATO[⑦] 协调关键基础设施输入(它已经有专门的基础设施来执行此操作);

---

① 信息参见 http://www.eth.cz。(访问日期:2007.1.7)
② 信息参见 http://www.thei3p.org。(访问日期:2007.1.7)
③ 信息参见 http://www.un.org/law/ilc。(访问日期:2007.1.7)
④ 信息参见 http://www.politech-institute.org。(访问日期:2007.1.7)
⑤ 信息参见 http://www.icc-ccs.org。(访问日期:2007.1.7)
⑥ 信息参见 http://www.enisa.europa.eu。(访问日期:2007.1.7)
⑦ 信息参见 http://www.nato.int。(访问日期:2007.1.7)

● 关键基础设施和关键信息基础设施的整体国际修复力可能看起来像下面的图表。

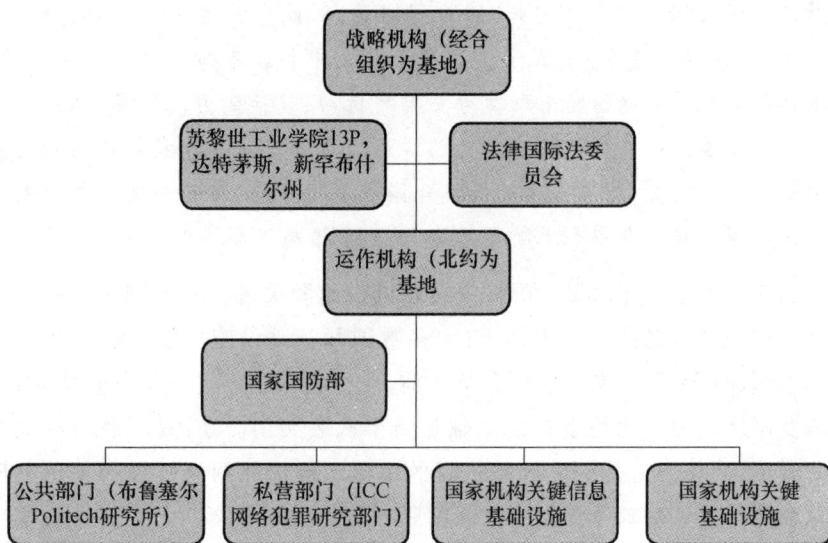

图 4　国际防御模型

综上所述,重要的是要认识到需要以全球的观点来处理关键基础设施、关键信息基础设施的修复力建设。目前没有现成的、连贯的、可以独立完成这项工作的机构。建议根据在经合组织、北约组织、国际法委员会、苏黎世工业学院和信息基础设施保护研究所、Politech 研究所、ICC 网络犯罪研究部门、ENISA 等现有基础设施,制定关键基础设施和关键信息基础设施修复力的国际方法。或者也可以是其他可能愿意承担所需实现的区域、尊重意图和资源种类的组织,需要创建这样一个组织。

参考文献

一、书籍

Apache(Web 服务器)

Wainwright,P (2004) *Professional Apache.* Berkeley,CA,USA. Apress.

审计过程和安全

Musaji,YF (2001) *Auditing and Security:AS/400,NT,Unix,Networks and Disaster Recovery Plans.* New York,USA. Wiley.

备份

Desai, A (2000) SQL Server 2000 Backup and Recovery (*Database Professional's Library*).

Emeryville,CA,USA. Osborne McGraw-Hill.

Freeman,R and Hart,M (2002) *Oracle9i RMAN Backup and Recovery* (*Oracle Press S.*) USA Osborne McGraw-Hill.

Hobbs,L,et al. (2000) OCP:*Oracle8i DBA Architecture and Administration and Backup and Recovery Study Guide.* CA,USA. Sybex International.

Little,DB (2003) *Implementing Backup and Recovery:The Readiness Guide for the Enterprise* (*VERITAS S.*) New York,USA. Wiley.

Stringfellow S,Klivansky M,and Barto,M (2000) *Backup and Restore Practices for Sun Enterprise Servers* (*Sun Blueprints S.*) Indianapolis, Indiana, USA. Prentice-Hall.

Velpuri,R,et al. (2000) *Oracle8i Backup and Recovery* (*Oracle Press S.*). Emeryville,CA,USA. Osborne McGraw-Hill.

卡尼万(Carnivore)

Hatch, OG (2000) *Carnivore Controversy: Electronic Surveillance and Privacy in the Digital Age: Hearing Before the Committee on the Judiciary, U. S. Senate.* Collingdale, PA, USA. Diane Pub Co.

Canady, CT (2000) *Fourth Amendment Issues Raised by the FBI's Carnivore Program: Hearing Before the Committee on the Judiciary, U. S. House of Representatives.* Collingdale, PA, USA. Diane Pub Co.

安全专家认证

Behtash, B (2004) *CCSP Self-Study: CISCO Secure PIX Firewall Advanced (CSPFA).* USA. Cisco Press.

Bragg, R (2002) *MCSE Training Guide: (70-220) Designing Security.* Indianapolis, Indiana, USA. Que.

Bragg, R (2004) *MCSE Windows Server* 2003 (*Exam* 70-98): *Designing Security for a Windows Server* 2003 *Network: Training Kit.* USA. Microsoft Press International.

Bragg, R and Tittel, E (2004) *Designing Security for a Windows Server* 2003 *Network: Exam* 70-298 (*Exam Cram* 2 *S.*) Indianapolis, Indiana, USA. Que.

Carter, E (2004) *CCSP Self-study: CISCO Secure Intrusion Detection System.* USA. Cisco Press.

Cockroft, L (2003) *CCSP SECUR Exam Cram* 2 (642-501) Indianapolis, Indiana, USA. Que.

Dubrawski I and Grey P (2003) *CCSP CSI Exam Certification Guide: CCSP Self-Study.* USA. Cisco Press.

Edwards, W, et al. (2003) *CCSP Secure Pix and Secure VPN Study Guide* (642-521 *and* 642-511): *Secure PIX and Secure VPN Study Guide* (642-521 *and* 642-511). CA, USA. Sybex International.

Edwards, W, et al. (2004) *CCSP Study Guide Kit* (642-501, 642-511, 642-521, 642-531, 642-541). CA, USA. Sybex International.

Golubski, C and Heldman, W (2001) *MCSE: ISA Server* 2000 *Administration Study Guide.* USA. Cybex International.

Hansche, S (2003) *Official* (*ISC*) 2 *Guide To The CSSP Exam.* USA. Auerbach Publishers Inc.

Harris, S (2003) *CISSP Certification All-In-One Guide*, 2nd Edition. Emeryville, CA, USA. Osborne McGraw-Hill.

Hausman, KK (2003) *Security + (Exam Cram SYO-101) (Exam Cram 2 S.)* Indianapolis, Indiana, USA. Que.

Hussain, Y (2004) *CCIE Security Practice Labs (CCIE Self-study)*. USA. Cisco Press.

Information Systems Audit and Control Association Staff (2001) *CISA Review Manual* 2002. Rolling Meadows, IL, USA. Information Systems Audit and Control Association.

Kramer, J (2003) *The CISA Prep Guide : mastering the Certified Information Systems Auditor Exam.*

Krutz, R and Vines, RD (2001) *The CISSP Prep Guide : Mastering the Ten Domains of Computer Security*. New York, USA. Wiley.

Krutz, RL and Vines, RD (2003) *Advanced CISSP Prep Guide : Exam Q and A*. New York, USA. Wiley.

Krutz, RL (2004) *The CISSP Prep Guide : Mastering CISSP and ISSEP*. New York, USA. Wiley.

Menga, J (2003) *CCSA NG Check Point Certified Security Administrator Study Guide (Certification Press)*. CA, USA. Sybex International.

Microsoft Press (2003) *MCSA/MCSE Self Paced Training Kit : Implementing and Maintaining Security in a Windows 2000 Network Infrastructure*. USA, Microsoft Press International.

Miller, LC and Gregory, PH (2002) *CISSP for Dummies*. New York, USA. Wiley.

Molta, D and Akin, D (2003) *CWSP Certified Wireless Security Professional : Official Study Guide (Exam PWO-200)*. Emeryville, CA, USA. Osborne McGraw-Hill.

Newman, DP, et al. (2004) *CSIDS Exam Cram 2 : Exam* 642-53. Indianapolis, Indiana, USA. Que.

Newcomb, MJ (2004) *CCSP SECUR Exam Certification Guide*. USA. Cisco Press.

Northrup, T (2004) *MCSA/MCSE Self Paced Training Kit : Implementing and*

Administering Security in a Windows Server 2003 *Network*. USA. Microsoft Press International.

Reisman, B and Ruebush, M (2004) *MCSE: Windows Server* 2003 *Network Security Design Study Guide* (70-298). CA, USA. Sybex International.

Roland, J (2004) *CCSP Self-study: Securing Cisco IOS Networks* (*SECUR*). USA Cisco Press.

Schmied, W and Shimonski, RJ (2003) *Mcsa/Mcse Managing and Maintaining a Windows Server* 2003 *Environment for an Mcsa Certified on Windows* 2000 (*Exam* 70-292): *Study Guide and DVD Training*

System. Rockland, MA, USA. Syngress Media.

Shimonski, RJ and Shinder, DJ (2003) *Security + and Study Guide and DVD Training System*. Rockland, MA, USA. Syngress Media.

Skoudis, E (2002) *The Network Security Training Course Desktop*. Indianapolis, Indiana, USA. Prentice-Hall.

Tittel, E, et al. (2004) *CISSP: Certified Information Systems Security Professional Study Guide*. CA, USA. Sybex International.

思科

Sedayo, J (2001) *Cisco IOS Access Lists*. Farnham, UK. O' Reilly.

代码(计算机代码)

Sebastian Xambo-Descamps (2003) *Block Error-correcting Codes: A Computational Primer* (*Universitext S.*). Berlin, Germany. Springer.

Hatton, L (1994) *Safer C: Developing Software in High-integrity and Safety-critical Systems* (*McGraw-Hill International Series in Software Engineering*) Emeryville, CA, USA. McGraw-Hill Publishing Co.

Rubin, AD, et al. (2004). *Exploiting Software: How to Break Code*. Boston, MA, USA. Addison Wesley.

计算机安全

Amoroso, E (1994) *Fundamentals of Computer Security Technology*, New Jersey, USA. AT&T.

Bishop, M (2002) *Computer Security: Art and Science*. Boston, MA, USA. Addison Wesley.

Gollmann, D (1999) *Computer Security*. New York, USA. Wiley.

Greene, TC (2004) *Computer Security for the Home and Small Office.* USA. Apress.

Leveson, N (1995) *Safeware: System Safety and Computers.* Boston, MA, USA. Addison Wesley.

Luber, A (2002) *PC Fear Factor.* Indianapolis, Indiana, USA. Que.

Penfold, RRC (1998) *Computer Security: Businesses at Risk.* London, UK. Robert Hale Limited.

Pieprzyk, J, et al. (2003) *Fundamentals of Computer Security.* Berlin, Germany. Springer.

Zelkowitz, MV (ed.) (2004) *Advances in Computers*, Vols. 40-62. New York, USA. Elsevier.

企业安全

Alagna, T, et al. (2005) *Larstan's Black Book on Corporate Security.* Potomac, Maryland, USA. Larstan.

犯罪/取证/预谋/恶意软件

Akdeniz, Y (2003) *Sex on the Net: The Dilemma of Policing Cyberspace (Behind the Headlines S.).* USA. South Street Press.

Benson, R (1996) *Acquiring New ID: How to Easily Use the Latest Technology to Drop Out, Start Over and Get on with Your Life.* Boulder, CO, USA. Paladin Press.

Casey, E (2004) *Digital Evidence and Computer Crime.* USA. Academic Press.

Casey, E (2001) *Handbook of Computer Crime Investigation: Forensic Tools and Technology.* USA. Academic Press.

Endorf, C, et al. (2003) *Intrusion, Detection and Prevention: The Authoritative Guide to Detecting Malicious Activity (Security).* Emeryville, CA, USA. Osborne McGraw-Hill.

Jewkes, Y (2003) *Dot. cons: Crime, Deviance and Identity on the Internet.* Cullompton, Devon, UK Willan Publishing.

Kruse II, WG and Heiser, J (2001) *Computer Forensics Essentials.* Boston, MA, USA. Addison Wesley.

Levy, S (2002) *Heroes of the Computer Revolution.* UK. Penguin Books.

Mintz, A and Mintz, AP (2002) *Web of Deception: Misinformation on the Internet.* Toronto, ON, Canada. Cyberage Books.

Mitnick, KD and Simon, WL (2003) *The Art of Deception: Controlling the Human Element of Security.* New York, USA. Wiley.

Parker, D (1998) *Fighting Computer Crime: A New Framework for Protecting Information.* New York, USA. Wiley.

Negus, C (2004) *Fedora Troubleshooting Bible.* New York, USA. Wiley.
Peikari, C and Chuvakin, A (2004) *Security Warrior.* Farnham, UK. O' Reilly.

Prosise, C and Mandia, K (2003) *Incident Response and Computer Forensics.* Emeryville, CA, USA. Osborne McGraw-Hill.

Russell R, and Beale, J (2004) *Stealing the Network: How to Own a Continent.* Rockland, MA, USA. Syngress Media.

Russell, R (2003) *Stealing the Network: How to Own the Box.* Rockland, MA, USA. Syngress Media.

Phillips, A, et al. (2004) *Computer Forensics and Investigations.* Boston, MA, USA. CourseTechnology. Sammes, AJ and Jenkinson, B (2000) *Forensic Computing: A Practitioner's Guide (Practitioner S.).* Godalming, UK. Springer.

Schneier, B (2004) *Secrets and Lies: Digital Security in a Networked World.* New York, USA. Wiley.

Skoudi, E (2003) *Malware: Fighting Malicious Code.* Indianapolis, Indiana, USA. Prentice-Hall.

Slatalla, M (1996) *Masters of Deception: The Gang That Ruled Cyberspace.* London, UK. Harper Collins.

Stoll, C (2000) *The Cuckoo's Egg: Tracking a Spy Through the Maze of Computer Espionage.* USA. New York, USA. Simon and Schuster Inc.

Syngress (2004) *Snort 2.1 Intrusion Detection.* USA, Rockland, MA, USA. Syngress Media.

The Honeynet Project (2004) *Know Your Enemy: Revealing the Security Tools, Tactics, and Motives of the Blackhat Community.* Boston, MA, USA. Addison Wesley.

Thomas, D and Loader, BD (2000) *Cybercrime: Law Enforcement, Security and Surveillance in the Information Age.* London, UK. Routledge, an imprint of

Taylor and Francis Books.

Wang, W (2000) *Steal This Computer Book 2: What They Won't Tell You About the Internet.* San Francisco, CA, USA. No Starch Press.

Whittaker, J and Thompson, H (2003) How to Break Software Security. Boston, MA, USA. Addison Wesley.

关键基础设施

Dacey, RF (2003) *Critical Infrastructure Protection: Commercial Satellite Security Should Be More Fully Addressed.* Collingdale, PA, USA. Diane Pub Co.

Dunn, M and Wigert, I (2004) *Critical Information Infrastructure Protection, The International CIIP Handbook* 2004. Zurich, Switzerland. Centre for Security Studies.

Ware, WH (1998) *The Cyber-Posture of the National Information Infrastructure.* Santa Monica, CA, USA. Rand Corporation.

密码学

Delfs, H and Knebl, H (2001) *Introduction to Cryptography: Principles and Applications (Information Security and Cryptography).* Berlin, Germany. Springer

Ferguson, N and Schneier, B (2003) *Practical Cryptography.* New York, USA. Wiley.

Hershey, J (2002) *Cryptography demystified.* Emeryville, CA, USA. McGraw-Hill Education.

Mao, W (2003) *Modern Cryptography: Theory and Practice.* Indianapolis, Indiana, USA. Prentice-Hall.

Mel, HX, et al. (2000) *Cryptography Decrypted.* Boston, MA, USA. Addison Wesley.

Menezes, AJ, et al. (1996) *Handbook of Applied Cryptography.* Boca Raton, FL, USA. CRC Press.

Rhee, MY (2003) *Internet Security: Cryptographic Principles, Algorithms and Protocols.* London. Wiley.

Rhee, MY (1994) *Cryptography and Secure Communications (The McGraw-Hill Series on Computer Communications).* Emeryville, CA, USA. McGraw-Hill Education (ISE Editions).

Schneier, B (1995) *Applied Cryptography: Protocols, Algorithms and Source*

Code in C. New York, USA. Wiley.

Trappe, W and Washington, LC (2002) *Introduction to Cryptography with Coding Theory*. Indianapolis, Indiana, USA. Prentice-Hall.

Van Der Lubbe, JCA and Gee, S (1998) *Basic Methods of Cryptograph*. Cambridge, UK. Cambridge University Press.

Weiss, J (2004) *Java Cryptography Extensions: Practical Guide for Programmers*. San Francisco, CA, USA. Morgan Kaufmann.

Young, A and Yung, M (2004) *Malicious Cryptography: Exposing Cryptovirology*. New York, USA. Wiley.

数据/数据库和相关问题

Gary, J (2000) *Database: Principles, Programming, Performance*. San Francisco, CA, USA. Morgan Kaufmann.

Gill, T, et al. (1998) *Introduction to Metadata*. Los Angeles, CA, USA. Getty Education Institute for the Arts.

King, D and Newson, D (1999) *Data Network Engineering (BT Telecommunications S.)* Berlin, Germany. Kluwer (Springer-Verlag) Academic Publishers.

Klosek, J (2000) *Data Privacy in the Information Age*. Westport, USA. Quorum Press.

Knox, D (2004) *Effective Oracle Databases 10g Security by Design (Oracle Press S.)*. Emeryville, CA, USA. Osborne McGraw-Hill.

Sayood, K (2000) *Introduction to Data Compression (The Morgan Kaufmann Series in Multimedia Information and Systems)*. San Francisco, CA, USA. Morgan Kaufmann.

Shani, S (2004) *Data Structures, Algorithms, and Applications in C + + .* Summit, NJ, USA. Silicon Press.

Wang, RY, et al. (2000) *Data Quality (The Kluwer International Series on Advances in Database Systems)*. Berlin, Germany. Kluwer (Springer- Verlag) Academic Publishers.

White, G (2001) *Data and Voice Security*. Indianapolis, Indiana, USA. Sams.

数据挖掘(特定信息数据搜索过程)

Berry, MJA (2004) *Data Mining Techniques, Second Edition: for Marketing, Sales, and Customer Relationship Management*. New York, USA. Wiley.

Mohammadian, M (2004) *Intelligent Agents for Data Mining and Information Retrieval*. Hershey, PA, USA. Idea Group Inc.

Witten, IH and Eibe, F (1999) *Tools for Data Mining, Practical Machine Learning Tools and Techniques (The Morgan Kaufmann Series in Data Management Systems)*. San Francisco, CA, USA. Morgan Kaufman.

灾难恢复和应急预案(相关技术)

Arnell, A and Davis, D (1989) *Handbook of Disaster Recovery Planning*. Emeryville, CA, USA. McGraw-Hill Education.

Bernan Associates (2003) *Planning for Post-disaster Recovery and Reconstruction*. Lanham, MD, USA. Bernan Associates.

Broby, L (2002) *Disaster Recovery and Corporate Survival Strategies: Pre-Emptive Procedures and Countermeasures (Financial Times Executive Briefings)*. London, UK Financial Times/Prentice-Hall.

Brooks, C and IBM (2002) *Disaster Recovery Strategies with Tivoli Storage Management (IBM Redbooks)*. USA. Vervante.

Buchanan, RW (2002) *Network Disaster Recovery: Planning for Business Continuity and System Performance (Professional Telecommunications S.)*. Emeryville, CA, USA. McGraw-Hill Education.

Chase, K (2002) PC Disaster and Recovery. CA, USA. Sybex International.

Childs, DR and Dietrich, S (2002) *Contingency Planning and Disaster Recovery: A Small Business Guide*. New York, USA. Wiley.

Christensen, B (1999) *From Management to Leadership: A History of Recovery from Disaster and Learning from the Experience*. Boca Raton, FL, USA. uPublish. com.

Christopher, J (2004) *Full recovery: Protect Your Small Business from Disasters and Unforeseen Events*. Berkeley, CA, USA. Peachpit Press.

Cougias, DJ, et al. (2003) *Backup Book, The*. USA. Schaser-Varten Books. CTRC (1997)

Contingency Planning and Disaster Recovery: Protecting Your Organization's Resource. UK. CTRC ComputerTechnology Research Corporation.

Erbschloe, M and Vacca, JR (2003) *Guide to Disaster Recovery*. Boston, MA, USA. Course Technology.

Evan, W and Manion, M (2002) *Minding the Machines : Preventing Technological Disasters.* Indianapolis, Indiana, USA. Prentice-Hall.

Grigonis, R (2002) *Disaster Survival Guide for Business Communications Networks* Emeryville, CA, USA. Osborne McGraw-Hill.

Gustin, J (2002) *Disaster Recovery Planning : A Guide for Facility Managers.* Indianapolis, Indiana, USA. Prentice-Hall.

Hiatt, C (2000) *A Primer for Disaster Recovery Planning in an IT Environment.* Hershey, PA, USA. Idea Group Inc.

IBM (1999) *Sap R/3 on DB2 for Os/390 : Disaster Recovery.* USA. Vervante.

IBM (2000) *Disaster Recovery Using Hageo and Georm.* USA. Vervante.

Lewis, S (2004) *Disaster Recovery Yellow Pages.* Newton, MA, USA. Systems Audit Group Inc.

Lang, A and Larkin, R (2001) *Disaster Preparedness and Recovery : A Guide for Nonprofit Board Members and Executives.* Washington, DC, USA. Board Source.

Mahdy, GE (2001) *Disaster Management in Telecommunications, Broadcasting and Computer Systems.* London, UK Wiley.

Maiwald E, and Sieglein, W (2002) *Security Planning and Disaster Recovery.* Emeryville, CA, USA. Osborne McGraw-Hill.

Miora, M (2000) *NCSA Guide to Enterprise Disaster Recovery Planning.* Emeryville, CA, USA. McGraw-Hill Education.

Mellish, B and IBM (2002) *IBM Total Solutions for Disaster Recovery (IBM Redbooks).* USA. Vervante.

Mellish, B and IBM (2002) *IBM Total Storage.* USA. Vervante. Neaga, G (1997) *Fire in the Computer Room, What Now? Disaster Recovery Handbook (IBM Books).* Indianapolis, Indiana, USA. Pearson Education.

NIIT (2002) *Disaster Recovery.* Portland, OR, USA. Premier Press.

Pedersen, A (1998) *NAFCU's Contingency Planning, Disaster Recovery, and Record Retention for Credit Unions.* Arlington, VA, USA. AS Pratt.

Preston, WC (1999) *UNIX Backup and Recovery.* Farnham, UK. O' Reilly.

QED (1995) *Disaster Recovery : Contingency Planning and Programme Analysis.* Boston, MA, USA. QED Technical Publishing Group.

Robinson, MK (2003) *Disaster Recovery for Nonprofits.* Lanham, MD, USA.

University Press of America.

TechRepublic (2003) *Administrator's Guide to Disaster Planning and Recovery*, *Vol.* 2. USA. TechRepublic.

Toigo, J (2002) *Disaster Recovery Planning: Preparing for the Unthinkable.* Indianapolis, Indiana, USA. Prentice-Hall.

Vacca, J (2004) *The Business Case for Network Disaster Recovery Planning.* USA. CISCO Press.

Wallace, M and Webber, L (2004). *The Disaster Recovery Handbook.* London, UK. Amacom.

Warrick, C and IBM (2004) *IBM Totalstorage Solutions for Disaster Recovery.* Palos Verdes, CA, USA. Vervante.

Wold, RL (1989) *Disaster Recovery for Banks.* Emeryville, CA, USA. William C Brown.

Zaenglein, N (1998) *Disk Detective: Secrets You Must Know to Recover Information from a Computer.* Boulder, Co, USA. Paladin Press.

电子商务

Ghosh, AK (2001) *Security and Privacy for e-Business.* New York, USA. Wiley.

Matsura, JH (2001) *Security, Rights and Liabilities in E-Commerce (Telecommunications Library)* Norwood, MA, USA. Artech House Books.

防火墙

Callisma (2002) *Cisco Security Specialists Guide to Pix Firewall.* Rockland, MA, USA. Syngress Media.

Deal, R (2002) *Cisco PIX Firewalls.* Emeryville, CA, USA. Osborne McGraw-Hill.

Komar, B, et al. (2003) *Firewalls For Dummies.* New York, USA. Wiley.

Kopparpu, C (2002) *Load Balancing Servers, Fire Walls and Caches.* New York, USA. Wiley.

Mason, A, et al. (2003) *Check Point NG FireWall-1/VPN-1 Administration (Network Professional's Library).* Emeryville, CA, USA. Osborne McGraw-Hill.

McCarty, B (2002) *Red Hat Linux Firewalls.* New York, USA. Wiley.

Northcutt, S (2002) *Inside Network Perimeter Security: The Definitive Guide to Firewalls, Virtual Private Networks, Routers and Network Intrusion Detection.*

USA. New Riders.

Strassberg, K, et al. (2002) *Firewalls: The Complete Reference (Complete Reference S.)*. Emeryville, CA, USA. Osborne McGraw-Hill.

Welch-Abernathy, D (2004) *Essential Check Point Firewall 1 NG: An Installation, Configuration and Troubleshooting Guide*. Boston, MA, USA. Addison Wesley.

Ziegler, R and Constantine, C (2001) *Linux Firewalls*. USA. New Riders.

Zwicky, ED, et al. (2000) *Building Internet Firewalls*. Farnham, UK. O' Reilly.

黑客行为

Beaver, K (2004) *Hacking for Dummies*. New York, USA. Wiley. Dr-K. (2002) *A Complete Hacker's Handbook*. UK, Carlton Books.

Dr-K. (2004) *Hackers' Tales: Stories from the Electronic Front Line*. London, UK. Carlton Books.

EC-Council (2004) *Ethical Hacking*. Chicago, IL, USA. Independent Publishers Group. OSB Publisher Pte Ltd.

Erickson, J (2003) *Hacking the Art of Exploitation*. San Francisco, CA, USA. No Starch Press.

Flickenger, R (2003) *Linux Server Hacks*. Farnham, UK. O' Reilly.

Graham, P (2004) *Hackers and Painters: Essays on the Art of Programming*. Farnham, UK. O' Reilly.

Gunkel, DJ (2001) *Hacking Cyberspace*. Boulder, CO, USA. Westview Press.

Hatch, B, et al. (2002) *Hacking Exposed Linux: Linux Security Secrets and Solutions*. Emeryville, CA, USA. Osborne McGraw-Hill.

Hemenway, K and Calishain, T (2003) *Spidering Hacks*. Farnham, UK. O' Reilly.

Huang, A (2003) *Hacking the Xbox: An Introduction to Reverse Engineering*. San Francisco, CA, USA. No Starch Press.

Jones, K, et al. (2003) *Anti-Hacker Tool Kit (Anti-Hacker Tool Kit)*. Emeryville, CA, USA. Osborne McGraw-Hill.

Kaspersky, K (2003) *Hacker Disassembling Uncovered*. UK. Computer Bookshops. Klevinsky, TJ, et al. (2004) *Hack I. T. : Security Through Penetration Testing*. Boston, MA, USA. Addison Wesley.

Lockhart, A. (2004) *Network Security Hacks*. Farnham, UK. O' Reilly.

Mclure, S, et al. (2003) *Hacking Exposed: Network Security Secrets and Solutions, 4th edition*. Emeryville, CA, USA. Osborne McGraw-Hill.

Mutton, P (2004) *IRC Hacks*. Farnham, UK. O' Reilly.

Parker, T, et al. (2004) *Cyber Adversary Characterization: Auditing the Hacker Mind*. Rockland, MA, USA. Syngress Media.

Scambray, J and McClure, S (2003) *Hacking Exposed Windows Server* 2003 (*Hacking Exposed*). Emeryville, CA, USA. Osborne McGraw-Hill.

Scambray, J, et al. (2002) *Hacking Exposed: Web Applications* (*Hacking Exposed*). Emeryville, CA, USA. Osborne McGraw Hill.

Schiffman, M. (2001) *Hacker's Challenge: Test Your Incident Response Skills Using* 20 *Scenarios*. Emeryville, CA, USA. Osborne McGraw-Hill.

Schiffman, M, et al. (2003) *Hacker's Challenge* 2: *Test Your Network Security and Forensic Skills* (*Hacking Exposed S.*). Emeryville, CA, USA. Osborne McGraw-Hill.

Skoudis, E (2001) *Counter Hack: A Step-by-Step Guide to Computer Attacks and Effective Defense*. Indianapolis, Indiana, USA. Prentice-Hall.

Syngress (2004). *Hardware Hacking: Have Fun While Voiding Your Warranty*. Rockland, MA, USA. Syngress Media.

Tulloch, M (2004) *Windows Server Hacks*. Farnham, UK. O' Reilly.

Vladimirov, A (2004) *WI-FOO: The Secrets of Wireless Hacking*. Boston, MA, USA. Addison Wesley.

Warren, HS (2002) *Hacker's Delight*. Boston, MA, USA. Addison Wesley.

强化过程

Akin, T (2002) *Hardening Cisco Routers*. Farnham, UK. O' Reilly. Bragg, R (2004) *Hardening Windows System*. Emeryville, CA, USA. Osborne McGraw-Hill.

Gharajedaghi, J (1999) *Systems Thinking: Managing Chaos and Complexity*. Woburn, MA, USA. Butterworth-Heinemann.

Hallows, JE (2004) *Information Systems Project Management: How to Deliver Function and Value in Information Technology Projects*.

Hassell, J (2004) *Hardening Windows*. Berkeley, CA, USA. Apress. Mobily, T

(2004) *Hardening Apache*. Berkeley, CA, USA. Apress.

Noona, W (2004) *Hardening Network Infrastructure*. Emeryville, CA, USA. Osborne McGraw-Hill.

Terpstra, JH, et al. (2004) *Hardening Linux*. Emeryville, CA, USA. Osborne McGraw-Hill.

Turnbull, J (2004) *Hardening Linux*. Berkeley, CA, USA. Apress. Incident Response.

Schultz, EE and Shumway, R (2001) *Incident Response*. USA. New Riders.

Mandia K, et al. (2003) *Incident Response*. Emeryville, CA, USA. Osborne-McGraw Hill.

Information/Information Technology Security and Assurance.

Barman, S (2001) *Writing Information Security Policies*. USA. New Riders.

Bhargava, VK, et al. (2003) *Communications, Information and Network Security*. Berlin, Germany. Kluwer (Springer-Verlag) Academic Publishers.

British Chambers of Commerce (2003) *The British Chambers of Commerce Guide to IT Security*. UK. Microsoft Corporation.

Calder, A and Watkins, S (2003) *IT Governance: A Managers Guide to Data Security and BS 7799/ISO 17799*. London, UK. Kogan Page.

CSIA (2004) *Protecting Our Information Systems*. London, UK. Cabinet Office, UK Government.

Desman, MB (2001) *Building and Information Security Awareness Program*. Boca Raton. Auerbach Publishing.

Doswell, B (2000) *A Guide to Information Security Management*. UK. Perpetuity Press.

Doswell, B (2000) *A Guide to Business Continuity Management*. UK. Perpetuity Press.

Herrmann, DS (2001) *A Practical Guide to Security Engineering and Information Assurance*. Boca Raton, FL, USA. Auerbach Publishers.

Hughes, L (1995) *Actually Useful Internet Security Techniques*. Indianapolis. Indiana, USA. New Riders.

Hunter, JMD (2001) *An Information Security Handbook*. Berlin, Germany. Springer.

IEEE (2001) 2001 *Information Survivability Exposition* 11 (*DI:Discex's* 01: *Proceedings*, 12-14 *June* 2001, *Anaheim*, *California*), *V.* 1-2. Piscataway, NJ, USA. IEEE Computer Society Press. Institute of Directors (2004) IT Security. UK. Institute of Directors/McAfee.

Kovacich, GL (1998) *The Information Systems Security Officer's Guide: Establishing and Managing an Information Protection Program*, 2nd Edition. Woburn, MA, USA. Butterworth-Heinemann.

Krause, M and Tipton, HF (2000) *Information Security Management Handbook*. Boca Raton, Fl, USA. Auerbach Publishers.

Peltier, TR (2001) *Information Security Policies, Procedures and Standards: Guidelines for Effective Information Security Management*. Boca Raton, FL, USA. Auerbach Publishers.

Pipkin, D (2000) *Information Security*. Indianapolis, Indiana, USA. Prentice-Hall.

Proctor, PE and Byrnes, FC (2002) *The Secured Enterprise: Protecting Your Information Assets*. Upper Saddle River, NJ, USA. Prentice-Hall.

Tudor, JK (2004) *Information Security Architecture*. Boca Raton, FL, USA. Auerbach Publishers.

Tudor, JK (2000) *Information Security Architecture: An Integrated Approach to Security in the Organization*. Boca Raton, FL, USA. Auerbach Publishers.

微软与微软 Windows 操作系统

Alexander, Z (2001) *Microsoft ISA Server* 2000. Indianapolis, Indiana, USA. Sams.

Bott, E (2002) *Windows XP/2000 Security Inside Out*. USA. Microsoft Press International.

Brown, K (2000) *Programming Windows Security*. New Jersey, USA. Pearson.

Brown, T (2001) *Windows* 2000 *Network Disaster Recovery*. Indianapolis, Indiana, USA. Sams.

Craft, M (2002) *Configuring Citrix MetaFrame XP for Windows*. Rockland, MA, USA. Syngress Media.

Daily, SK (2001) *Admin* 911 *Windows* 2000 *Disaster Recovery*. Emeryville, CA, USA. McGraw-Hill Osborne Media.

De Clerq, J (2003) *Windows Server* 2003 *Security Infrastructures*: *Core Security Features of Windows. Net.* Woburn, MA, USA. Butterworth Heinemann.

Komar, B (2004) *Windows Server* 2003 *PKI and Certificate Security.* USA. Microsoft Press International.

Microsoft Press (2001) *Internet Security and Acceleration Server* 2000 (*MCSE Training Kit*). USA, Microsoft Press International.

Swiderski, F (2004) *Threat Modeling.* USA. Microsoft Press International.

Robinson, G (2003) *Real World Microsoft Access Database Protection and Security.* Berkeley, CA, USA. Apress.

Walther, H and Santry, P (2004) *CYA Securing Exchange Server* 2003 *and Outlook Web Access.* Rockland, MA, USA. Syngress Media.

移动通信/移动性

Al-Mualla, M, et al. (2002) *Video Coding for Mobile Communications*: *Efficiency*, *Complexity and Resilience* (*Signal Processing and Its Applications*). New Jersey, USA. Academic Press.

Davies, I (2002) *Security Interests in Mobile Equipment.* Aldershot, UK Dartmouth.

Grimes, RA (2001) *Malicious Mobile Code*: *Virus Protection for Windows.* Farnham, UK. O' Reilly.

McGraw G, and Felten, EW (1998) *Getting Down to Business with Mobile Code*: *A Guide to Creating and Managing Secure Mobile Code.* New York, USA. Wiley.

Mitchell, C (2003) *Security for Mobility* (*Telecommunications S*). London, IEE.

Vigna, G (1998) *Mobile Agents and Security* (*Lecture Notes in Computer Science S*). Berlin, Germany. Springer.

Brown, K (2004) *The . NET Developer' s Guide to Windows Security.* Boston, MA, USA. Addison Wesley.

Freeman, A and Jones, A (2003) *Programming . NET Security. Farnham*, UK. O' Reilly.

Gaster, B, et al. (2002) *ASP. NET Security.* Indianapolis, Indiana, USA. Wrox Press Ltd.

Microsoft Press (2003) *Building Secure ASP. NET Applications.* USA. Microsoft

Press International.

网络安全

Allen, JH （2001） *The CERT Guide to System and Network Security Practices*. Boston, MA, USA. Addison Wesley.

Brenton, C and Hunt, C （1999） Active Defense, *A Comprehensive Guide To Network Security*. CA, USA. Sybex International.

Buchanan, RW （2002） *Network Disaster Recovery: Planning for Business Continuity and System Performance （Professional Telecommunications S）* Emeryville, CA, USA McGraw-Hill Education.

Canavan, JE （2001）*Fundamentals of Network Security （Telecommunications Library）*. Norwood, MA, USA. Artech House Books.

Chey, C （2002） *Network Security for Dummies （For Dummies S）*. New York, USA. Wiley.

Cisco Systems Inc. , Cisco Networking Academy Program. （2003）*Cisco Networking Academy Program Fundamentals of Network Security: Companion Guide*. USA, Cisco Press.

Harris, J （2002） *Cisco Network Security Little Black Book*. Phoenix, AZ, USA. Paraglyph Press.

Hendry, M （1995） *Practical Computer Network Security*. Norwood, MA, USA. Artech.

Kaeo, M （2004） *Designing Network Security*. New Zealand. Penguin Books （NZ）.

Liotine, M （2003） *Mission Critical Network Planning （Telecommunications Library）* Norwood, MA, USA. Artech House Books.

Maiwald, E （2001）*Network Security: A Beginner' s Guide*. Emeryville, CA, USA. McGraw-Hill.

Maxwell, D and Amon, C （2002） *Nokia Network Security Solutions Handbook*. Rockland, MA, USA. Syngress Media.

MCI （2002） Business Continuity Guide. UK. MCI 参见 http://www. mci. com/ uk/bcinterest （Accessed: 3 December 2004）.

Mikalsen, A and Borgesen, P （2002）*Local Area Network Management, Design and Security: A Practical Approach*. London, UK. Wiley.

McNab,C (2004)*Network Security Assessment.* Farnham,UK. O' Reilly.

Panko,R (2003)*Corporate Computer and Network Security.* Indianapolis,Indiana,USA. Prentice-Hall.

Powell,G and Bejtlich,R (2004)*The Tao of Network Security Monitoring*:*Beyond Intrusion Detection.* Boston,MA,USA. Addison Wesley.

Rozenblit, M (2000) *Security for Telecommunications Network Management.* New York,USA. Wiley.

Sonnenreich,W and Albanese,J (2003). *Network Security Illustrated.* Emeryville,CA,USA. McGraw-Hill Education.

Stallings,W (2002)*Network Security Essentials*:(*United States Edition*).Indianapolis,Indiana,USA. Prentice-Hall.

Thomas,T (2004)*Network Security First-Step* (*First Step S.*). Cisco Press.

Viega,J, et al. (2002) *Network Security with OpenSSL.* Farnham, UK. O' Reilly.

Wilson,J, et al. (1998) *Telecom and Network Security*:*Telecommunications Reports Toll Fraud and Telabuse Update.* New York, USA. Telecommunications Reports.

操作风险

Frost,C, et al. (2001). *Operational Risk and Resilience.* USA. Butterworth-Heinemann.

公钥基础设施(PKI)

一种数字证书、证书颁发机构和其他注册机构的系统,用于核实和验证互联网交易中涉及的各方的有效性(来自 Webopedia)。

Austin,T (2001)*PKI.* New York,USA. Wiley.

Adans,C and Lloyd,S (2002)*Understanding PKI*:*Concepts*,*Standards*,*and Deployment Consideration.* Indianapolis,Indiana,USA. Sams.

积极消息

Purba, S (2003) *High-Value IT Consulting*:12 *Keys to a Thriving Practice.* Emeryville,CA,USA. Osborne McGraw-Hill.

Reeher,G,et al. (2002)*Click on Democracy*:*The Internet's Power to Change Political Apathy into Civic Action.* Boulder,CO,USA. Westview Press.

可靠性

Kececioglu, D (1995) *Reliability Engineering Handbook*. Indianapolis, Indiana, USA. Prentice-Hall.

射频识别(RFID)

Finkenzeller, K (2003) *RFID Handbook*. New York, USA. Wiley.

保障与安全

Ahuja, V (1996) *Secure Commerce on the Internet*. Orlando, FL, USA. AP Professional.

Amon, C (2004) *Check Point Next Generation with Application Intelligence Security Administration*. Rockland, MA, USA. Syngress Media.

Amoroso, E (1999) *Intrusion Detection*. New Jersey, USA. AT&T.

Anderson, R (2001) *Security Engineering: A Guide to Building Dependable Distributed Systems*. New York, USA. Wiley. 关键文本。

Bace, R and Melnick, D (2003) *PDA Security: Incorporating Handhelds into Your Enterprise*. Emeryville, CA, USA. McGraw-Hill Education.

Ballard, J (2002) *Internet Security and Acceleration Server* 2000 *Technical Reference*. USA. Microsoft Press International.

Barratt, DJ, et al. (2003) *Linux Security Cookbook*. Farnham, UK. O' Reilly.

Barrett, DJ, et al. (2001) *SSH, the Secure Shell: The Definitive Guide*. Farnham, UK. O' Reilly.

Birkholz, EP, et al. (2004) *Security Sage's Guide to Hardening the Network Infrastructure*. Rockland, MA, USA. Syngress Media.

Carter, J (2004) *The Expert Guide to PeopleSoft Security*. Lincoln, NE, USA. iUniverse Inc.

Carroll, B (2004) *Cisco Access Control Security: AAA Administration Services*. Indiana, USA. Cisco Press.

Cheah, CH, et al. (2004) *CYA Securing IIS* 6. 0. Rockland, MA, USA. Syngress Media.

Cox, KJ and Gerg, C (2004) *Managing Security with SNORT and IDS Tools*. Farnham, UK. O' Reilly.

Delp, EJ and Wong, PW (2003) *Security and Watermarking of Multimedia Contents: V (Proceedings of SPIE)*. Bellingham, WA, USA. Society of Photo-Optical Instrumentation Engineers (SPIE).

Dournaee, B. (2004) *XML Security*. Emeryville, CA, USA. McGraw-Hill. Drew, G, et al. (1998) *Using SET for Secure Electronic Transactions*. Indianapolis, Indiana, USA. Prentice-Hall.

Dwivedi, H (2003) *Implementing SSH: Strategies for Optimizing the Secure Shell*. New York, USA. Wiley.

France, P (2003) *Local Access Network Technologies (Telecommunications S.)*. Stevenage, UK. IEE.

Graff, MG and Van Wyk, KR (2003) *Secure Coding: Principles and Practices*. Farnham, UK. O' Reilly.

Gehrmann, C, et al. (2004) *Bluetooth Security*. Norwood, MA, USA. Artech House Books.

Gritzalis, D, et al. (2003) *Security and Privacy in the Age of Uncertainty (IFIP International Federation for Information Processing S.)*. Berlin, Germany. Kluwer (Springer-Verlag) Academic Publishers.

Gupta, A and Laliberte, S (2004) *Defend I. T. : Security by Example*. Boston, MA, USA. Addison Wesley.

Hendry, M (2001) *Smart Card Security and Applications (Telecommunications Library)*. Norwood, MA, USA. Artech House Books.

Hope, P (2004) *Freebsd and Openbsd Security Solutions*. Indianapolis, Indiana, USA. Sams.

Howard, M (2002) *Writing Secure Code*. USA, Microsoft Press International.

Howlett, T (2004) *Open Source Security Tools: Securing Your Unix or Windows Systems*. Boston, MA, USA. Addison Wesley.

IEEE Computer Society Staff. (2003) *16th Computer Security Foundations Workshop (Csfw 16-2003)*. Piscataway, NJ, USA. IEEE Press.

Jancezewski, L (2000) *Internet and Intranet Security, Management, Risks and Solutions*. Hershey, PA, USA. Idea Group Inc.

Kabatiansky, G (2004) *Error Correcting Coding and Security for Data Networks: Analysis of the Superchannel Concept*. London, UK. Wiley.

Koziol, J (2004) *The Shellcoder's Handbook: Discovering and Exploiting Security Holes*. New York, USA. Wiley.

Kuhn, RD (2003) PBX *Vulnerability*: *Finding Holes In Your PBX Before Someone Else Does.* Collingdale, PA, USA. Diane Pub Co.

Kuhn, DR (2003) *Role-Based Access Control* (*Artech House Computer Security Series*) Norwood, MA, USA. Artech House Books.

Kuhn, RD, et al. (2003) *Security for Telecommuting and Broadband Communications*: *Recommendations of the National Institute of Standards and Technology.* Collingdale, PA, USA. Diane Pub Co.

Lail, BM (2002) *Broadband Network and Device Security* (*RSA Press S.*). Emeryville, CA, USA. Osborne McGraw-Hill.

Lippert, E (2002) *Visual Basic. NET Code Security Handbook.* Indinapolis, Indiana, USA. Wrox Press Ltd.

Nazario, J and Palmer, B (2004) *Secure Architectures*: *With OpenBSD.* Boston, MA, USA. Addison Wesley.

Niemi, V and Nyberg, K (2003) *UMTS Security.* London, UK. Wiley.

Oppliger, R (2000) *Secure Messaging with PGP and S/MIME* (*Artech House Computer Security Series*). Norwood, MA, USA. Artech House Books.

Pansini, AJ (2004) *Transmission Line Reliability and Security.* New York, USA. Marcel Dekker.

Phaltankar, KM (2000) Implementing *Secure Intranets and Extranets* (*Telecommunications Library*). Norwood, MA, USA. Artech House Books.

Polk, WT (2000) *Anti Virus Tools and Techniques for Computer Systems* (*Advanced Computing and Telecommunications Series*). Norwich, New York, USA. Noyes Publications.

Ranum, MJ (2003) *Myth of Homeland Security.* New York, USA. Wiley.

Rescorla, E (2000) *SSL and TLS*: *Building and Designing Secure Systems.* Boston, MA, USA. Addison Wesley.

Rockley, A, et al. (2002) *Managing Enterprise Content*: *A Unified Content Strategy.* USA. New Riders.

Rosenberg, J and Remy, D (2004) *Securing Web Services with WS-Security*: *Demystifying WS-Security, WS-Policy, SAML, XML Signature and XML Encryption.* Indianapolis, Indiana, USA. Que.

Shinder, TW and Shimonski, RJ (2003) *Building DMZs for Enterprise Net-*

works. Rockland,MA,USA. Syngress Media.

Sutton,R（2001）*Secure Communications：Applications and Management（Wiley Series in Communications Networking）*. London,UK. Wiley.

Thomas,S（2000）*SSL and TLS Essentials：Securing the Web.* New York, USA. Wiley.

Tolchin,M and SJ（1992）*Selling Our Security.* New York,USA. Knopf.

Trudel,R and Convery,S（2004）*Designing Secure Enterprise NE.* USA. Cisco Press.

Viega,J and McGraw,G（2001）*Building Secure Software：How to Avoid Security Problems the Right Way.* Boston,MA,USA. Addison Wesley.

嗅探技术

嗅探器分析网络和协议,并"嗅出"进出网络的好东西和坏东西。

Orebaugh,AD,et al.（2004）*Ethereal Packet Sniffing.* Rockland,MA, USA. Syngress Media.

Shimonski,R（2002）*Sniffer Network Optimization and Troubleshooting Handbook.* Rockland,MA,USA. Syngress Media.

垃圾邮件

电子垃圾邮件或垃圾新闻组的发布。有些人甚至将垃圾邮件定义为任何未经要求自发的电子邮件(来自 Webopedia)。

Feinstein,K and McAneny,M（2004）*How to Do Everything to Fight Spam, Viruses,Pop-ups and Spyware（How to Do Everything S.）*. Emeryville,CA, USA. Osborne McGraw-Hill.

Schwartz,A（2004）*SpamAssassin.* Farnham,UK. O' Reilly.

Scott,C,et al.（2004）*Anti-Spam Tool Kit.* Emeryville,CA,USA. Osborne McGraw-Hill.

隐写术

将消息或文件隐藏在其他消息或文件中的过程。例如,将文档隐藏在照片中。

Petitcolas,F,et al.（1999）*Information Hiding Techniques for Steganography and Digital Watermarking（Computing S.）*. Norwood,MA,USA. Artech House Books.

虚拟专用网(VPN)

Davis, C (2001) *IPSec: Securing VPNs (RSA Press S.)*. Emeryville, CA, USA. Osborne McGraw-Hill.

Mairs, J (2001) *VPNs: A Beginner's Guide (Network Professional's Library)* Emeryville, CA, USA. Osborne McGraw-Hill.

Tan, NK (2003) *Building VPNs: With IPSec and MPLS (Pro Tel S.)* Emeryville, CA, USA. McGraw-Hill Education.

无线

Barken, L (2003) *How Secure is Your Wireless Network? Safeguarding Your WI-Fi LAN*. Indianapolis, Indiana, USA. PrenticeHall.

Carter, B and Shumway, R (2002) *Wireless Security End to End (End to End)*. New York, USA. Wiley.

Edney, J and Arbaugh, B (2003) *Real 802. 11 Security: Wi-Fi Protected Access and 802. 11i*. Boston, MA, USA. Addison Wesley.

Held, G (2003) *Securing Wireless LANs: A Practical Guide for Network Managers, LAN Administrators and the Home Office User*. London, UK. Wiley.

Hurley, C, et al. (2004) *Wardriving - Drive, Detect, Defend: A Guide to Wireless Security*. Rockland, MA, USA. Syngress Media.

Maxim, M and Pollino, D (2002) *Wireless Security*. Emeryville, CA, USA. McGraw-Hill.

Miller, S (2003) *WiFi Security*. Emeryville, CA, USA. McGraw-Hill Education.

Nichols, RK, et al. (2004) *Wireless Security: Models, Threats, and Solutions*. Emeryville, CA, USA. McGraw-Hill.

Nichols, R and Lekkas, P (2001) *Wireless Security: Models, Threats and Solutions (McGraw-Hill Telecom Professional S)*. Emeryville, CA, USA. McGraw-Hill.

Perrig, A and Tygar, JD (2002) *Secure Broadcast Communication: In Wired and Wireless Networks?* Berlin, Germany. Kluwer (Springer-Verlag) Academic Publishers.

Potter, B and Fleck, B (2003) *802. 11 Security*. Farnham, UK. O' Reilly.

Schaefer, G (2004) *Security in Fixed and Wireless Networks: An Introduction to Securing Data Communications*. London, UK. Wiley.

Swaminatha, T and Elden, C (2002) *Wireless Security and Privacy: Best Practices and Design Techniques.* Boston, MA, USA. Addison Wesley.

Temple, R and Regnault, J (2002) *Internet and Wireless Security (BTexact Communications Technology S.).* Stevenage, UK. IEE.

WordPerfect(文字处理器)

Acklen, L (2004) *Absolute Beginner's Guide to WordPerfect* 12. Indianapolis, Indiana, USA. Que.

二、文章

银行业

Banking Development Department Hong Kong Monetary Authority (2002)

Business Continuity Planning After 9/11, *Hong Kong* Monetary Authority Quarterly Bulletin, 11.

关键基础设施

Robinson, PC, et al. (1998) Critical Infrastructure. *Issues in Science and Technology*, Vol. 15, Fall.

密码学

Dam, KW (1997) The Role of Private Groups in Public Policy: Cryptography and the National Research Council. *University of Chicago Law School Occasional Paper No.* 38.

Stansfield, EV and Walker, M (1995) Coding and Cryptography for Speech and Vision, *Proc. 5th Cryptography and Coding IMA Conference*, pp. 213-236.

计算机犯罪与安全

Cadoree, M (1994) Computer Crime and Security. *Resource Materials, Library of Congress, Library of Congress.*

网络战争

Arquilla, JJ and Ronfeldt, DF (1995) Cyberwar and Netwar: New Modes, Old Concepts, of Conflict *Rand Research Review*, Fall.

文明的冲突

Huntington, SP (1993) The Clash of Civilizations, Foreign Affairs. Summer, v72, n3, p22(28).

相关数据

Ware, WH (1994) Policy Considerations for Data Networks. *Computing Systems*, 7(1), Winter, pp. 1-44.

Yeung, PC (1986) The environment and the implementation of data security in the world of telecommunications. *Technical Report, University of Kansas, Computer Science*.

国防

UK Ministry of Defense (2004) The Future Strategic Context for Defense. 参见 http://www. mod. uk/issues/strategic_context/military. htm。（访问时间：2007. 1. 3）

数字化发展

Hammond, A (2001) Digitally Empowered Development, *Foreign Affairs* pp. 96-106.

Bloor, R (2000) The Destruction of Dot Com Dreams. 参见 http://www. itanalysis. com/article. php? articleid = 1429。（访问时间：2007. 1. 3）

选举

Cramer, R, et al. (1997) A Secure and Optimally Efficient Multi-Authority Election Scheme. *European Transactions on Telecommunications*, 8(5), September.

电子入侵

Frizzell, J, Phillips, T, and Groover, T (1994) The Electronic Intrusion Threat to National Security and Emergency Preparedness Telecommu- nications: An Awareness Document. *Proc. 17th NIST-NCSC National Computer Security Conference*, pp. 378-399.

电子邮件

Jones, RL (1995) Client Confidentiality: A Lawyer's Duties with Regard to Internet E-Mail. *Computer Law Section of the State Bar of Georgia*, August 16, 1995.

United States. Congress. House. Committee on Commerce. Subcommittee on Telecommunications, Trade, and Consumer Protection (1997).

The Security and Freedom through Encryption (SAFE) Act: Hearing before the Subcommittee on Telecommunications, Trade, and Consumer Protection of the Committee on Commerce, House of Representatives, One Hundred Fifth Congress, first session, on H. R. 695, September 4, 1997. *Technical Report, United States Government*

Printing Office, *Number Serial no.* 105-39（*United States. Congress. House. Committee on Commerce*），p. iii ＋ 121，United States Government Printing Office，1997.

电子签名

欧洲电信标准协会。电子签名商业交易标准化，1999 年 8 月。参见 http://webapp. etsi. org/workprogram/Report_WorkItem. asp？WKI_ID = 13387。（访问时间:2007. 1. 3）

Erlang（编程语言）

电信系统中测量流量密度的单位。Erlang 描述了一小时或 3600 秒内的总流量。Castro，M（2000）Design Issues for a High Reliability Environment for Erlang，12 November. 参见 http://www. erlang-projects. org/Public/documentation/serc/？pp = 1。（访问时间:2007. 1. 3）

环境

Homer-Dixon，TF（1991）On the Threshold:Environmental Changes as Causes of Acute Conflict，*Trudeau Centre for Peace and Conflict Studies*，*University of Toronto International Security*，Vol. 16，No. 2（Fall）pp. 76-116.

信息自由

Issues in Science and Technology，Vol. 18，Summer.

Gompert，DC（1998）Right Makes Might:Freedom and Power in the Information Age，McNair paper 59，Chap. 3，May. 参见 http://www. rand. org/publications/MR/MR1016/MR1016. chap3. pdf。（访问时间:2007. 1. 3）

Lewis，C（2002）Freedom of Information under Attack. *Nieman Reports*，Vol. 56.

燃料危机

Townsend，M and Bright，M. Army Guard on Food if Fuel Crisis Flares，*The Observer*，6 June 2004.

信息安全、战争等

Lohmeyer，DF，et al.（2002）Managing Information Security. The*McKinsey Quarterly*，S ummer. Nearon，BH（2000）Information Technology Security Engagements:An Evolving Specialty. *The CPA Journal*，Vol. 70.

Small，DW（1997）Information Security Awareness for Small to Medium Sized Telecommunications Organizations. *Technical Report*，*Saint Mary's University of Minnesota*.

United States. Congress. House. Committee on Energy and Commerce. Subcommittee on Telecommunications and Finance. Computer security: virus highlights need for improved Internet management: report to the chairman, Subcommittee on Telecommunications and Finance, Committee on Energy and Commerce, House of Representatives. *Technical Report*, *U. S. General Accounting Office*, p. 48, U. S. General Accounting Office, 1989.

Fogleman, RR, et al. (2003) Cornerstones of Information Warfare. 参见 http://www. af. mil/lib/corner. html。(访问时间:2007. 1. 3)

MI5 (2004) Protecting Your Information. 参见 http://www. mi5. gov. uk/output/Page236. html。(访问时间:2007. 1. 3)

Whitaker, R (1998) Information Warfare. 参见 http://www. informatik. umu. se/~rwhit/IW. html。(访问时间:2007. 1. 3)

WIPRO. Information Security Challenges in the Energy industry. *WIPRO White Paper.* 美国/印度。参见 http://www. wipro. com/insights/ infosecuritychallenges. htm。(访问时间:2007. 1. 3)

Zekos, G (1999), Internet or Electronic Technology: A Threat to State Sovereignty, Commentary, *The Journal of Information*, *Law and Technology* 〔*JILT* (3)〕参见 http://elj. warwick. ac. uk/jilt/99-3/zekos. html。(访问时间:2007. 1. 3)

Java(编程语言)

Java 的定义在书籍部分。

Garthwaite, A and Nettles, S (1998) Transactions for Java. *Proceedings of the* 1998 *International Conference on Computer Languages.* IEEE Computer Society Press. pp. 16-27.

微软与思科

Reardon, M (2004)*Microsoft and Cisco Clash on Security.* CNET. news. com, 17 September. 参见 http://insight. zdnet. co. uk/internet/ security/0, 39020457, 39166968, 00. htm。(访问时间:2007. 1. 3)

国家信息基础设施

United States. House of Representatives (1996)*The Cyber-Posture of the National Information Infrastructure.* Washington. Chairman: Wlillis H Ware. 参见 http://www. rand. org/publications/MR/MR976/mr976. html。(访问时间:2007. 1. 3)

网络安全

Cirrincione, G, Cirrincione, M, and Piglione, F. (1996) A neural network architecture for static security mapping in power systems. *MELECON' 96. 8th Mediterranean Electrotechnical Conference. Industrial Applications in Power Systems, Computer Science and Telecommunications. Proceedings, Vol. 3, IEEE.* pp. 1611-14.

Shenoy, DR and Medhi, D（1999）A network management framework for multiple layer survivable networks: Protocol development and implementation. *Technical Report, Computer Science Telecommunications Program. University of Missouri, Kansas City,* 1999.

SafeNet （2004）Delivering Government Approved Security. *Safenet White Paper.* USA. SafeNet. 参见 http://www. safenet-inc. com。（访问时间:2007. 1. 3）

乐观消息记录

Wang, YM and Huang, Y. （1995）Why Optimistic Message Logging Has Not Been Used in, Telecommunications Systems. *Institute of Electrical and Electronics Engineers, Inc.* , June.

开放系统

Anderson, R （2002）Security In Open versus Closed Systems—The Danceof Boltzmann, Coase and Moore. 参见 http://www. ftp. cl. cam. ac. uk/ ftp/users/ rja14/toulouse. pdf。（访问时间:2007. 1. 3）

修复力、稳健性、可靠性

Grotberg, E （1998）The International Resilience Project, *55th Annual Convention, International Council of Psychologists, Graz Austria,* July 14-18, 1997 （published 1998）.

Kendra, JM, et al. （2003）Elements of Resilience After the World Trade Centre Disaster: Reconstituting New York City's Emergency Operations Centre. *Disasters,* 27（1）pp 37-53.

Little, RG （2002）Toward More Robust Infrastructure: Observations on Improving the Resilience and Reliability of Critical Systems. *Proceedings of the 36th Hawaii International Conference on Systems Access, Hawaii,* January 06-09, 2003.

Rochlin, GI, et al. （1987）The Self-Designing High reliability Organization: Aircraft Carrier Flight Operations at Sea, Naval War College Review, Autumn.

Saffre, F and Ghanea Hercock, R （2000）*Increasing Robustness Of Future Telecommunications Networks.*

射频识别（RFID）

Claburn, T and Hulme, GV（2004）*RFID Security* Information Week, 15 November. 参见 http://www. informationweek. com/story/showArticle. jhtml? articleID = 52601030&tid = 13690。（访问时间:2007. 1. 3）

安全性等

Arbaugh, WA, Davin, JR, Farber, DJ, Smith JM（1998）Security for Virtual Private Intranets. *Computer*, 31（9）, pp. 48-54.

Dasgupta, P, et al.（2000）The Security Architecture for MAgNET: A Mobile Agent E-commerce System. *Third International Conference on Telecommunications and E-commerce.*

Donnelly, C（2003）Security in the 21st Century-New Challenges and Responses. 1st ETR2A Conference, Newcastle-upon-Tyne, UK, 23 June2003.

Hendry, M（2001）Smart Card Security and Applications. *The Artech House Telecommunications Library*, p. xviii + 305, Artech House Inc.

Hill, P（2002）Bankrupt Worldcom Called a Security Risk. *The Washington Times*, July 3.

Lacoste, G, Steiner, M（1999）SEMPER: A Security Framework for the Global Electronic Marketplace. *COMTEC – the magazine for telecom- munications technology*, 77（9）, pp. 56-63, September 1999.

Murray, WH（1984）Security Considerations for Personal Computers. *IBM Systems Journal*, 23（3）, pp. 297-304.

Today（2004）Will the Number of Casinos Rise After the Changes to the Gambling Bill, BBC Radio 4, 19 October 2004, 07. 32 hours. 参见 http://www. bbc. co. uk。（访问时间:2007. 1. 3）

Popp, R, Froehlich, M, Jefferies, N（1995）Security Services for Telecommunications Users. *Lecture Notes in Computer Science*, Vol. 998, pp. 28ff.

Wong, A（2003）*Before and Beyond Systems: An Empirical Modeling Approach*, Ph. D. Thesis. Department of Computer Science, University of Warwick, UK, January. 参见 http://www. dcs. warwick. ac. uk/ ~ allan。（访问时间:2007. 1. 3）

战略信息战

The Futurist（1997）Strategic Information Warfare. Vol. 31, September.

电信网络

Ahn, I (1994) Database Issues in Telecommunications Network Management *SIGMOD Record* (*ACM Special Interest Group on Management of Data*), 23 (2), pp. 37-43, June 1994.

Chuah, MC, et al. Performance of two TCP implementations in mobile computing environments. *Conference Record/IEEE Global Telecommunications Conference*, Vol. 1, pp. 339-344, 1996.

Fowler, J, Seate, RC (1997) Threats and Vulnerabilities for C4I in Commercial Telecommunications: A Paradigm for Mitigation. Proc. 20th*NIST-NCSC National Information Systems Security Conference*, pp. 612-618.

Varadharajan, V (1994) Security Requirements for Customer Network Management in Telecommunications. *Proc. 17th NIST-NCSC National Computer Security Conference*, pp. 327-338.

Sinclair, MC (1992) Single-moment analysis of unreliable trunk networks employing K-shortest-path routing. *Proc. IEE Colloq. Resilience in Optical Networks*, p. 3/1-6, Oct 1992

可信计算

Anderson, R (2004) Trusted Computing. 参见 http://www. cl. cam. ac. uk/ ~ rja14/tcpa-faq. html。(访问时间:2007. 1. 3)。

URL(统一或通用资源定位符——网址)

Wernick, P (1995) British Telecom URL Security: Project Outline, BT, November

公用事业

Hyslop (2004) How Can the Financial Sector Be Reassured That in the Event of an Incident, Their Utilities Supplies Will Be Uninterrupted? Is This a Viable and Feasible Request? Comments to the*Resilience* (2004) *Conference*, Millennium Hotel, London. 22/23/24, September 2004.

视频编码

Faerber, N, et al. (1999) Analysis of Error Propagation in Hybrid Video Coding with Application to Error Resilience, *Proceedings of the* 1999 *International Conference on Image Processing* (*ICIP-99*), pp. 550-554, IEEE, Oct 24-28, 1999.

电缆海盗

Wallich, P（1994）Wire Pirates, *Scientific American*, 270（3）, pp. 90ff（Intl. ed. pp72ff）, March 1994.

千年虫问题（Y2K）

The Eos Life—Work Resource Centre Y2K Update. 参见 http://www. eoslifework. co. uk/Y2Kupdate. htm。（访问时间:2007. 1. 3）

三、常规出版物

商业设施相关标题　http://www. busfac. com。（访问时间:2007. 1. 3）

经济发展在线建议　http://www. facilitycity. com。（访问时间:2007. 1. 3）

《呼叫中心》杂志　http://www. callcentermagazine. com。（访问时间:2007. 1. 3）

《CIO（首席信息官）》杂志　http://www. cio. com。（访问时间:2007. 1. 3）

《传播新闻》杂志　http://www. comnews. com。（访问时间:2007. 1. 3）

《计算机世界》　http://www. computerworld. com。（访问时间:2007. 1. 3）

《咨询指定工程》杂志　http://www. csemag. com。（访问时间:2007. 1. 3）

《CPA（注册会计师）》期刊　http://www. capamag. com。（访问时间:2007. 1. 3）

《预防犯罪》　http://www. perpetuitypress. com/acatalog/Crime_Prevention_and_ Community_Safety. html 。（访问时间:2007. 1. 3）

《连续性和风险》杂志　http://www. cirmagazine. com。（访问时间:2007. 1. 3）

《CSO（首席安全官）》杂志　http://www. csoonline. com。（访问时间:2007. 1. 3）

《经济学家》　http://www. economist. com。（访问时间:2007. 1. 3）

EDPACS（电子数据处理审计、控制和安全通信）　http://www. infoedge. com/product_detail. asp? sku1 =418&。（访问时间:2007. 1. 3）

《金融时报》在线 IT 栏。http://news. ft. com/reports/ftit。（访问时间:2007. 1. 3）

《金融时报》, FT 公司安全。http://www. ft. com/corporatesecurity2004。

《未来主义者》　http://www. wfs. org/futurist. htm。（访问时间:2007. 1. 3）

《政府技术》　http://www. govtech. net。（访问时间:2007. 1. 3）

《哈佛商业在线》 http://harvardbusinessonline.com。（访问时间:2007.1.3）

《热线》 http://www.weibull.com/hotwire。（访问时间:2007.1.3）

《政府安全新闻》 http://www.gsnmagazine.com。（访问时间:2007.1.3）

《信息和通信技术法》 http://journalsonline.tandf.co.uk 。（访问时间:2007.1.3）

《信息、通信与社会》 http://journalsonline.tandf.co.uk。（访问时间:2007.1.3）

《信息安全》 http://infosecuritymag.techtarget.com。（访问时间:2007.1.3）

《信息技术》 http://journalsonline.tandf.co.uk。（访问时间:2007.1.3）

《信息存储与安全》期刊 http://www.issjournal.com。（访问时间:2007.1.3）

《信息系统管理》 http://www.auerbach-publications.com/home.asp。（访问时间:2007.1.3）

《信息系统安全》 http://www.auerbach-publications.com/home.asp。（访问时间:2007.1.3）

《法律、计算机和技术国际评论》 http://journalsonline.tandf.co.uk（访问时间:2004.12.20）。

《互联网作品》 http://www.iwks.com。（访问时间:2007.1.3）

《Intersec》 http://www.intersec.co.uk/ns/ddjune.html。（访问时间:2007.1.3）

《佛罗里达大学技术法律与政策》杂志 http://journal.law.ufl.edu/~techlaw/。（访问时间:2007.1.3）

《Linux》杂志 HTTP://www.LIUX-MAG.com（访问时间:2007.1.3）。

《麦肯锡》季刊 http://www.mckinseyquarterly.com。（访问时间:2007.1.3）

《NET》 http://www.netmag.co.uk。（访问时间:2007.1.3）

《新科学家》 http://www.newscientist.com。（访问时间:2007.1.3）

《操作风险》 http://www.operationalriskonline.com。（访问时间:2007.1.3）

《PC（个人电脑）》杂志 http://www.pcmag.com。（访问时间:2007.1.3）

《PC（个人计算机）世界》 http://www.pcworld.com。（访问时间:2007.1.3）

《公共 CIO（首席信息官）》 http://www.public-cio.com。（访问时间:2007.1.3）

《商业评论》 http://www. questia. com。（访问时间：2007.1.3）

《风险管理》 http://www. perpetuitypress. com/acatalog/Risk_Management_An_International_Journal. html 。（访问时间：2007.1.3）

《SC》杂志 http://www. infosecnews. com/home/index. cfm（Accessed：3 January 2007）。

《安全》杂志 http://www. securitymagazine. com。（访问时间：2007.1.3）

《安全性》期刊 http://www. perpetuitypress. com/acatalog/Security_Journal_Volume_17_ number_3_Abstracts. html 。（访问时间：2007.1.3）

《安全性研究》 http://journalsonline. tandf. co. uk。（访问时间：2007.1.3）

《系统管理员》 http://www. samag. com。（访问时间：2007.1.3）

《电信》杂志 http://www. telecommagazine. com。（访问时间：2007.1.3）

《信息社会》 http://journalsonline. tandf. co. uk。（访问时间：2007.1.3）

《信息周刊》 http://www. informationweek. securitypipeline. com 。（访问时间：2007.1.3）

《无线商务与技术》 http://www. sys-con. com。（访问时间：2007.1.3）

四、网络链接

学术界

http://www. cerias. purdue. edu/.（访问时间：2007.1.3）

http://www. cerias. purdue. edu/about/history/coast/.（访问时间：2007.1.3）

http://www. cerias. purdue. edu/about/history/coast _ resources/firewalls/.（访问时间：2007.1.3）

http://ftp. cerias. purdue. edu/pub/papers/taimur-aslam/aslam-krsul- spaf-taxonomy. pdf.（访问时间：2007.1.3）

http://www. cs. columbia. edu. ids.（访问时间：2007.1.3）

http://www. ee. columbia. edu/ ~ liebenau/E6901. html. （访 问 时 间：2007.1.3）

http://www. ftp. cl. cam. ac. uk/ftp/users/rja14/guidelines. txt. （访 问 时 间：2007.1.3）

http://www. cl. cam. ac. uk/users/rja14.（访问时间：2007.1.3）

http://www. cl. cam. ac. uk/users/rja14/ Med.（访问时间：2007.1.3）

http://www. coventry. ac. uk/cms/jsp/polopoly. jsp？ d = 957&a = 7974.

（访问时间：2007. 1. 3）

http：//dit. unitn. it/research/seminario？ id ＝ 02-016. （访问时间：2007. 1. 3）

http：//www. rmcs. cranfield. ac. uk/ddmsa/index_html/view. （访问时间：2007. 1. 3）

http：//iip. ist. psu. edu/faculties/vs. htm. （访问时间：2007. 1. 3）

http：//www. isg. rhul. ac. uk/. （访问时间：2007. 1. 3）

http：//www. ja. net/CERT/JANET-CERT/incidents/coping-with-intrusions. html. （访问时间：2007. 1. 3）

http：//www. ja. net/documents/gn-ddos. pdf. （访问时间：2007. 1. 3）

http：//online. northumbria. ac. uk/geography_research/ddc. （访问时间：2007. 1. 3）

http：//law. richmond. edu/jolt/index. asp. （访问时间：2007. 1. 3）

http：//www. som. cranfield. ac. uk/som/scr. （访问时间：2007. 1. 3）

http：//theory. lcs. mit. edu/ ~ cis/. （访问时间：2007. 1. 3）

http：//www. yale. edu/its/security/disaster. htm.

协会/机构/社团/组织等

http：//www. antiphishing. org. （访问时间：2007. 1. 3）

http：//www. bsi-global. com. （访问时间：2007. 1. 3）

http：//www. business-continuity-online. com/. （访问时间：2007. 1. 3）

http：//www. disasterrecoveryworld. com. （访问时间：2007. 1. 3）

http：//www. ddsi. org. （访问时间：2007. 1. 3）

http：//www. ewis. jrc. it. （访问时间：2007. 1. 3）

http：//www. fas. org/irp/nsa/rainbow. htm. （访问时间：2007. 1. 3）

http：//www. gbde. org. （访问时间：2007. 1. 3）

http：//www. hipaa. org. （访问时间：2007. 1. 3）

www. iaac. org. uk/initiatives/BT_IAAC. pdf. （访问时间：2007. 1. 3）

http：//www. idra. com. （访问时间：2007. 1. 3）

http：//www. insme. info/documenti/ 040707% 20Draft% 20Program% 20GF% 202004. pdf. （访问时间：2007. 1. 3）

http：//www. isaca. org. （访问时间：2007. 1. 3）

http：//www. isaca. org/Template. cfm？ Section ＝ CISM_Certification （Accessed：3 January 2007）.

http：//www. isc2. org.（访问时间：2007. 1. 3）

http：//www. iwf. org. uk.（访问时间：2007. 1. 3）

http：//nerc. com/~oc/twg. html.（访问时间：2007. 1. 3）

http：//www. rusi. org.（访问时间：2007. 1. 3）

http：//www. sans. org/rr/.（访问时间：2007. 1. 3）

http：//www. seattlewireless. net/index. cgi/LinksysWrt54g.（访问时间：2007. 1. 3）

http：//www. securityforum. org/html/frameset. htm.（访问时间：2007. 1. 3）

http：//www. securitypark. co. uk.（访问时间：2007. 1. 3）

http：//www. survive. com.（访问时间：2007. 1. 3）

http：//www. thebci. org/.（访问时间：2007. 1. 3）

http：//www. theirm. org/.（访问时间：2007. 1. 3）

http：//www. thebci. org/PAS56. html.（访问时间：2007. 1. 3）

http：//www. the-eps. org/.（访问时间：2007. 1. 3）

http：//www. terena. nl/.（访问时间：2007. 1. 3）

http：//www. w3. org/.（访问时间：2007. 1. 3）

非对称战争和信息战

http：//www. amsc. belvoir. army. mil/asymmetric _ warfare. htm.（访问时间：2007. 1. 3）

http：//www. au. af. mil/au/aul/bibs/asw/asw. htm.（访问时间：2007. 1. 3）

http：//www. comw. org/rma/fulltext/asymmetric. html.（访问时间：2007. 1. 3）

http：//www. ctrasymwarfare. org.（访问时间：2007. 1. 3）

http：//carlisle-www. army. mil/.（访问时间：2007. 1. 3）

http：//emergency. com.（访问时间：2007. 1. 3）

http：//europa. eu. int/scadplus/leg/en/lvb/l33193. htm.（访问时间：2007. 1. 3）

http：//www. fas. org/irp/wwwinfo. html.（访问时间：2007. 1. 3）

http：//www. iwar. org. uk/comsec.（访问时间：2007. 1. 3）

http：//nationalstrategy. com.（访问时间：2007. 1. 3）

http：//www. psycom. net/iwar. 1. html.（访问时间：2007. 1. 3）

http：//www. theestimate. com/public/110300. html.（访问时间：2007. 1. 3）

澳大利亚

http://www. ag. gov. au. （访问时间:2007. 1. 3）

http://www. isn. ethz. ch/dossiers/ciip/index. cfm. （访问时间:2007. 1. 3）

http://www. auscert. org. au. （访问时间:2007. 1. 3）

http://www. asio. gov. au. （访问时间:2007. 1. 3）

http://www. ahtcc. gov. au. （访问时间:2007. 1. 3）

http://www. dsto. defense. gov. au. （访问时间:2007. 1. 3）

http://noie. gov. au. （访问时间:2007. 1. 3）

http://www. defense. gov. au/predict. （访问时间:2007. 1. 3）

http://ww7. health. gov. au/hsdd/gp/phim. htm. （访问时间:2007. 1. 3）

http://www. pm. gov. au. （访问时间:2007. 1. 3）

http://www. stratwise. com. （访问时间:2007. 1. 3）

http://www. cript. gov. au. （访问时间:2007. 1. 3）

奥地利

http://www. cio. gv. at . （访问时间:2007. 1. 3）

http://www. bmi. gv. at. （访问时间:2007. 1. 3）

http://www. circa. at/index. html. （访问时间:2007. 1. 3）

http://www. bka. gv. at. （访问时间:2007. 1. 3）

http://www. a-sit. at. （访问时间:2007. 1. 3）

加拿大

http://www. cancert. ca. （访问时间:2007. 1. 3）

http://www. nrc. ca. （访问时间:2007. 1. 3）

http://www. crc. ca. （访问时间:2007. 1. 3）

http://www. dnd. ca. （访问时间:2007. 1. 3）

http://www. faso-afrs. ca. （访问时间:2007. 1. 3）

http://www. gol-ged. gc. ca. （访问时间:2007. 1. 3）

http://www. iit. nrc. ca. （访问时间:2007. 1. 3）

http://www. nce. gc. ca. （访问时间:2007. 1. 3）

http://www. ocipep-bgiepc. gc. ca. （访问时间:2007. 1. 3）

http://www. tbs-sct. gc. ca. （访问时间:2007. 1. 3）

欧洲联盟

http://www. cert. dfn. de/eng/csir/europe/certs. html. （访问时间:2007. 1. 3）

http://www. etsi. com.（访问时间:2007. 1. 3）

http://www. etr2a. org .（访问时间:2007. 1. 3）

http://www. europa. eu. int/abc/index2_en. htm.（访问时间:2007. 1. 3）

http://europa. eu. int/egovernment-research.（访问时间:2007 年 1 月 3 日）

http://www. europol. eu. int.（访问时间:2007. 1. 3）

http://www. eurosmart. com.（访问时间:2007. 1. 3）

http://www. ejustice. eu. com/index. html.（访问时间:2007. 1. 3）

http://europa. eu. int/scadplus/leg/en/lvb/l33164. htm.（访问时间:2007. 1. 3）

http://europa. eu. int/scadplus/leg/en/lvb/l24153. htm.（访问时间:2007. 1. 3）

http://www. eurim. org/.（访问时间:2007. 1. 3）

芬兰

http://www. nesa. fi.（访问时间:2007. 1. 3）

http://www. ficora. fi.（访问时间:2007. 1. 3）

http://www. ficora. fi/englanti/tietoturva/certfi. htm.（访问时间:2007. 1. 3）

http://www. tieke. fi.（访问时间:2007. 1. 3）

http://www. tietoyhteiskuntaohjelma. fi.（访问时间:2007. 1. 3）

http://www. valtioneuvosto. fi/vn/liston/base. lsp? k = en.（访问时间:2007. 1. 3）

http://www. e. finland. fi/.（访问时间:2007. 1. 3）

http://www. defmin. fi.（访问时间:2007. 1. 3）

法国

http://www. clusif. asso. fr/en/clusif/present/.（访问时间:2007. 1. 3）

http://www. certa. ssi. gouv. fr/.（访问时间:2007. 1. 3）

http://www. cert-ist. com.（访问时间:2007. 1. 3）

http://www. internet. gouv. fr/.（访问时间:2007. 1. 3）

http://www. renater. fr/.（访问时间:2007. 1. 3）

http://www. ssi. gouv. fr/fr/index. html.（访问时间:2007. 1. 3）

http://csti. pm. gouv. fr.（访问时间:2007. 1. 3）

德国

http://www. aksis. de. （访问时间:2007. 1. 3）

http://www. bka. de. （访问时间:2007. 1. 3）

http://www. bsi. de. （访问时间:2007. 1. 3）

http://www. bitkom. org. （访问时间:2007. 1. 3）

http://www. bsi. bund. de/certbund/index. htm. （访问时间:2007. 1. 3）

http://www. econbiz. de/fach/FS_VWL0190300. shtml? step = 20&l0 = 0.
（访问时间:2007. 1. 3）

http://www. bundestag. de. （访问时间:2007. 1. 3）

http://www. cert. dfn. de. （访问时间:2007. 1. 3）

http://www. eurubits. de. （访问时间:2007. 1. 3）

http://www. denis. bund. de. （访问时间:2007. 1. 3）

http://www. bmi. bund. de. （访问时间:2007. 1. 3）

http://www. iid. de/iukdg/. （访问时间:2007. 1. 3）

http://www. initiatived21. de. （访问时间:2007. 1. 3）

http://www. iid. de. （访问时间:2007. 1. 3）

http://www. juris. de. （访问时间:2007. 1. 3）

http://rayserv. upb. de/FIFF/Veroeffentlichungen/Extern/ Fortress_Europe
_36. html. （访问时间:2007. 1. 3）

http://www. regtp. de/en/index. html. （访问时间:2007. 1. 3）

http://www. secunet. de. （访问时间:2007. 1. 3）

http://www. sicherheit-im-internet. de. （访问时间:2007. 1. 3）

http://www. s-cert. de. （访问时间:2007. 1. 3）

http://www. telekom. de. （访问时间:2007. 1. 3）

http://www. thw. de/english/. （访问时间:2007. 1. 3）

国际组织

http://www. cosin. org/. （访问时间:2007. 1. 3）

http://www. ctose. org. （访问时间:2007. 1. 3）

http://www. e-europestandards. org. （访问时间:2007. 1. 3）

http://cybercrime-forum. jrc. it/default/. （访问时间:2007. 1. 3）

http://coras. sourceforge. net/. （访问时间:2007. 1. 3）

http://www. iabg. de/acip. index. html. （访问时间:2007. 1. 3）

http://www. itu. int. (访问时间:2007. 1. 3)

http://www. oecd. org/document/42/0,2340,en_2649_33703_15582250_1_1_1_1,00. html . (访问时间:2007. 1. 3)

http://info. worldbandk. org. ict/ICT_ssp. html. (访问时间:2007. 1. 3)

http://www. worldbank. org/mdf/mdf1/modern. htm. (访问时间:2007. 1. 3)

http://rru. worldbank. org/toolkits/telecomsregulation/details. aspx. (访问时间:2007. 1. 3)

意大利

http://www. dico. unimi. it. (访问时间:2007. 1. 3)

http://www. iritaly. org. (访问时间:2007. 1. 3)

http://www. clusit. it/indexe. htm. (访问时间:2007. 1. 3)

http://www. innovazione. gov. it/. (访问时间:2007. 1. 3)

http://www. innovazione. gov. it/eng/. (访问时间:2007. 1. 3)

http://www. communicazioni. it/en. (访问时间:2007. 1. 3)

http://www. cnipa. gov. it. (访问时间:2007. 1. 3)

http://www. poliziadistato. it/pds/english/. (访问时间:2007. 1. 3)

律师

http://www. dickinson-dees. co. uk. (访问时间:2007. 1. 3)

http://www. eversheds. com. (访问时间:2007. 1. 3)

http://www. faegreandbenson. com. (访问时间:2007. 1. 3)

http://www. robertmuckle. co. uk. (访问时间:2007. 1. 3)

http://www. wardhadaway. com. (访问时间:2007. 1. 3)

警方

http://www. europol. net. (访问时间:2007. 1. 3)

http://www. interpol. int. (访问时间:2007. 1. 3)

http://www. nhtcu. org/. (访问时间:2007. 1. 3)

http://www. police. uk(访问时间:2007. 1. 3)

http://www. pito. org. uk/. (访问时间:2007. 1. 3)

荷兰

http://www. fas. org/irp/world/netherlands/bvd. htm. (访问时间:2007. 1. 3)

http://www. www. nlip. nl. (访问时间:2007. 1. 3)

http://www. minvenw. nl/dgtp/home/. (访问时间:2007. 1. 3)

http://www. Govcert. nl.（访问时间：2007. 1. 3）

http://www. infodrome. nl.（访问时间：2007. 1. 3）

http://www. kwint. org.（访问时间：2007. 1. 3）

http://www. minvenw. nl.（访问时间：2007. 1. 3）

http://www. minbzk. nl.（访问时间：2007. 1. 3）

http://www. Nlip. nl.（访问时间：2007. 1. 3）

http://cert-nl. surnet. nl/home-eng. html.（访问时间：2007. 1. 3）

http://www. aivd. nl.（访问时间：2007. 1. 3）

http://www. ecp. nl/ENGLISH/index. html.（访问时间：2007. 1. 3）

http://www. tno. nl.（访问时间：2007. 1. 3）

http://www. waarschuwingsdienst. nl.（访问时间：2007. 1. 3）

新西兰

http://www. security. govt. nz.（访问时间：2007. 1. 3）

http://www. standards. co. nz.（访问时间：2007. 1. 3）

http://www. ccip. govt. nz.（访问时间：2007. 1. 3）

http://www. defense. govt. nz.（访问时间：2007. 1. 3）

http://www. executive. govt. nz.（访问时间：2007. 1. 3）

http://www. gcsb. govt. nz.（访问时间：2007. 1. 3）

http://www. dpmc. govt. nz.（访问时间：2007. 1. 3）

http://www. ssc. govt.（访问时间：2007. 1. 3）

http://www. nzcs. org. nz.（访问时间：2007. 1. 3）

http://www. auscert. org. au.（访问时间：2007. 1. 3）

http://www. cologic. co. nz.（访问时间：2007. 1. 3）

挪威

http://www. norsis. no/indexe. php.（访问时间：2007. 1. 3）

http://www. dsb. no.（访问时间：2007. 1. 3）

http://odin. dep. no/nhd/engeslsk/.（访问时间：2007. 1. 3）

http://www. ntia. doc. gov.（访问时间：2007. 1. 3）

http://www. nsm. stat. no/index. html.（访问时间：2007. 1. 3）

http://www. okokrim. no.（访问时间：2007. 1. 3）

http://cert. uninett. no.（访问时间：2007. 1. 3）

俄罗斯

http://president. kremlin. ru/eng/articles/institut04. shtml. （访问时间：2007. 1. 3）

瑞典

http：//forsvar. regeringen. se. （访问时间：2007. 1. 3）

http：//kth. se/eng. （访问时间：2007. 1. 3）

http：//www. ocb. se. （访问时间：2007. 1. 3）

http：//www. gea. nu. （访问时间：2007. 1. 3）

http：//www. fmv. se. （访问时间：2007. 1. 3）

http：//www. foi. se/english/. （访问时间：2007. 1. 3）

http：//www. krisberedskapsmyndigheten. se/english/index. jsp. （访问时间：2007. 1. 3）

http：//www. sitic. se. （访问时间：2007. 1. 3）

http：//www. fhs. se. （访问时间：2007. 1. 3）

http：//www. fra. se/english. shtml. （访问时间：2007. 1. 3）

http：//www. psycdef. se/english/. （访问时间：2007. 1. 3）

瑞士

http：//www. bbt. admin. ch. （访问时间：2007. 1. 3）

http：//www. empa. ch/plugin/template/empa/ ∗ /4523/—/1 = 2. （访问时间：2007. 1. 3）

http：//www. switch. ch/cert/. （访问时间：2007. 1. 3）

http：//www. fsk. ehtz. ch . （访问时间：2007. 1. 3）

http：//www. snhta. ch/www-support/institutions/cti-fopet. htm. （访问时间：2007. 1. 3）

http：//www. isn. ethz. ch/crn/. （访问时间：2007. 1. 3）

http：//www. vbs. admin. ch/internet/GST/AIOS/e/index. htm. （访问时间：2007. 1. 3）

http：//www. bakom. ch/en/index. html. （访问时间：2007. 1. 3）

http：//www. bwl. admin. ch/. （访问时间：2007. 1. 3）

http：//internet. bap. admin. ch. （访问时间：2007. 1. 3）

http：//www. informatik. admin. ch/. （访问时间：2007. 1. 3）

http：//www. isb. admin. ch/. （访问时间：2007. 1. 3）

http://www. infosurance. org. （访问时间:2007. 1. 3）

http://www. zurich. ibm. com. （访问时间:2007. 1. 3）

http://www. ifi. unizh. ch/ikm/research. html. （访问时间:2007. 1. 3）

http://www. isps. ch. （访问时间:2007. 1. 3）

http://www. isn. ethz. ch. （访问时间:2007. 1. 3）

http://www. naz. ch. （访问时间:2007. 1. 3）

http://www. lasecwww. epfl. ch. （访问时间:2007. 1. 3）

http://www. softnet. ch. （访问时间:2007. 1. 3）

http://www. sfa. admin. ch. （访问时间:2007. 1. 3）

http://www. cybercrime. admin. ch. （访问时间:2007. 1. 3）

http://www. privacy-security. ch. （访问时间:2007. 1. 3）

英国

http://www. cabinet-office. gov. uk/CSIA. （访问时间:2007. 1. 3）

http://www. cesg. gov. uk. （访问时间:2007. 1. 3）

http://www. dti. gov. uk/bestpractice/technology/index. htm. （访问时间:2007. 1. 3）

http://www. dti. gov. uk/industries/information _ security. （访问时间:2007. 1. 3）

http://www. epcollege. gov. uk. （访问时间:2007. 1. 3）

http://www. financialsectorcontinuity. gov. uk. （访问时间:2007. 1. 3）

http://www. go-ne. gov. uk/resilience/resilience_business_continuity. htm. （访问时间:2007. 1. 3）

http://homeoffice. gov. uk. （访问时间:2007. 1. 3）

http://www. londonprepared. gov. uk/. （访问时间:2007. 1. 3）

http://www. niscc. gov. uk/. （访问时间:2007. 1. 3）

http://www. security-survey. gov. uk. （访问时间:2007. 1. 3）

http://www. uniras. gov. uk. （访问时间:2007. 1. 3）

http://www. ukonlineforbusiness. gov. uk 由 http://www. dti. gov. uk/bestpractice. （访问时间:2007. 1. 3）

http://www. ukresilience. info/ . （访问时间:2007. 1. 3）

http://www. ukresilience. info/ccbill/index. htm.

http://www. warp. gov. uk. （访问时间:2007. 1. 3

美国

http://www. alw. nih. gov/Security/Docs/passwd. html. （访问时间：2007. 1. 3）

http://www. alw. nih. gov/Security/Docs/admin-guide-to-cracking. 101. html. （访问时间：2007. 1. 3）

http://www. cdt. org. （访问时间：2007. 1. 3）

http://www. cert. org. （访问时间：2007. 1. 3）

http://www. cia. gov/cia/publications/factbook. （访问时间：2007. 1. 3）

http://www. ciao. org. （访问时间：2007. 1. 3）

http://www. cybercrime. gov. （访问时间：2007. 1. 3）

http://shield. dmpsi. dc. gov. （访问时间：2007. 1. 3）

http://www. ftc. gov/privacy/glbact/. （访问时间：2007. 1. 3）

http://www. ftc. gov/privacy/index. html. （访问时间：2007. 1. 3）

http://csrc. ncsl. nist. gov/secpubs/. （访问时间：2007. 1. 3）

http://csrc. ncsl. nist. gov/secpubs/rainbow/. （访问时间：2007. 1. 3）

http://www. whitehouse. gov/deptofhomeland. （访问时间：2007. 1. 3）

http://www. eia. doe. gov/emeu/security/ （Accessed：3 January 2007）.

http://www. energyisac. com. （访问时间：2007. 1. 3）

http://www. ey. com/security. （访问时间：2007. 1. 3）

http://www. fbi. gov. （访问时间：2007. 1. 3）

http://www. fedcirc. gov. （访问时间：2007. 1. 3）

http://www. fas. org. （访问时间：2007. 1. 3）

http://www. fsisac. co. （访问时间：2007. 1. 3）

http://www. ftc. gov/infosecurity/. （访问时间：2007. 1. 3）

http://www. hhs. gov/ocr/hipaa/. （访问时间：2007. 1. 3）

http://www. it-isac. org. （访问时间：2007. 1. 3）

http://www. ncs. gov/ncc/. （访问时间：2007. 1. 3）

http://www. nipc. org. （访问时间：2007. 1. 3）

http://www. nerc. com. （访问时间：2007. 1. 3）

http://www. oag. state. ny. us/. （访问时间：2007. 1. 3）

http://www. ostp. gov/. （访问时间：2007. 1. 3）

http://www. cert. otg/octave/. （访问时间：2007. 1. 3）

http://www. pcis. org. （访问时间：2007. 1. 3）

http://www. staysafeonline. info. （访问时间：2007. 1. 3）

http://www. sec. gov/news/testimony/021203tsrc. htm. （访问时间：2007. 1. 3）

http://www. surfacetransportationisac. org. （访问时间：2007. 1. 3）

http://www. dhs. gov. （访问时间：2007. 1. 3）

http://www. us-cert. gov/federal/. （访问时间：2007. 1. 3）

http://www. whitehouse. gov. （访问时间：2007. 1. 3）

供应商站点

http://www. almaden. ibm. com. （访问时间：2007. 1. 3）

http://www. availability. sungard. com/. （访问时间：2007. 1. 3）

http://www. business-systems. bt. com/. （访问时间：2007. 1. 3）

http://www. bt. com/business/broadband. （访问时间：2007. 1. 3）

http://www. bt. com/commsure. （访问时间：2007. 1. 3）

http://www. buysunonline. com/. （访问时间：2007. 1. 3）

http://www. crg. com. （访问时间：2007. 1. 3）

http://www. datamobilitygroup. com. （访问时间：2007. 1. 3）

http://www. disklabs. com/. （访问时间：2007. 1. 3）

http://www. drsolomon. com/. （访问时间：2007. 1. 3）

http://www. datafellows. com/. （访问时间：2007. 1. 3）

http://www. easynet. com/. （访问时间：2007. 1. 3）

http://www. etsec. com. （访问时间：2007. 1. 3）

http://www. foundstone. com. （访问时间：2007. 1. 3）

http://www. hp. com. （访问时间：2007. 1. 3）

http://www. intel. com. （访问时间：2007. 1. 3）

http://www. intersolve-tech. com. （访问时间：2007. 1. 3）

http://www. jjtc. com. （访问时间：2007. 1. 3）

http://www. kavado. com. （访问时间：2007. 1. 3）

http://www. mcafee. com/uk/. （访问时间：2007. 1. 3）

http://www. mci. com/uk/bcinterest. （访问时间：2007. 1. 3）

http://research. microsoft. com/security/. （访问时间：2007. 1. 3）

http://www. microsoft. com/security/default. mspx. （访问时间：2007. 1. 3）

http://www. microsoft. com/technet/security/sourcead. asp. （访问时间：2007. 1. 3）

http://www. microsoft. com/technet/security/topics/hardsys/default. mspx. （访问时间：2007. 1. 3）

http://www. pinkertons. com. （访问时间：2007. 1. 3）

http://www. qinetiq. com/home/markets/security. html. （访问时间：2007. 1. 3）

http://www. qinetiq. com/home/markets/security/securing_your_business/information_and_network_security html. （访问时间：2007. 1. 3）

http://www. rsasecurity. com/. （访问时间：2007. 1. 3）

http://www. sanctum. com. （访问时间：2007. 1. 3）

http://www. safenet-inc. com/. （访问时间：2007. 1. 3）

http://www. sapphire. net/（Accessed：3 January 2007）.

http://securityresponse. symantec. com. （访问时间：2007. 1. 3）

http://www. spiresecurity. com. （访问时间：2007. 1. 3）

http://www. srm-solutions. com. （访问时间：2007. 1. 3）

http://www. spidynamics. com. （访问时间：2007. 1. 3）

http://www. stiller. com/. （访问时间：2007. 1. 3）

http://www. symantec. com/avcenter/. （访问时间：2007. 1. 3）

http://community. whitehatsec. com. （访问时间：2007. 1. 3）

http://www. xerxes. com/security. html. （访问时间：2007. 1. 3）

http://www. zonelabs. com. （访问时间：2007. 1. 3）

一般信息——按英文字母顺序排列

http://www. as400security. net/AS/400（IBM 中档产品）.

http://www. bofh. sh/CodeRed/index. html. （访问时间：2007. 1. 3）

http://www. cert. org. （访问时间：2007. 1. 3）

http://www. continuitycentral. com. （访问时间：2007. 1. 3）

http://www. cigital. com/javasecurity/links. html. （访问时间：2007. 1. 3）

http://cgi. nessus. org/plugins/dump. php3？family = Backdoors. （访问时间：2007. 1. 3）

http://www. continuitycentral. com/. （访问时间：2007. 1. 3）

http://www. computer-security. qck. com. （访问时间：2007. 1. 3）

http://www. crisis. solutions. com. (访问时间:2007. 1. 3)

http://www. crm-strategy. net/. (访问时间:2007. 1. 3)

http://www. denialinfo. com/. (访问时间:2007. 1. 3)

http://encyclopedia. thefreedictionary. com/Telecommunications%
20service. (访问时间:2007. 1. 3)

http://www. enteract. com/ ~ lspitz/linux. html. (访问时间:2007. 1. 3)

http://www. eon-commerce. com/riskanalysis/index. htm. (访 问 时 间:
2007. 1. 3)

http://www. epic. org/privacy/carnivore (Accessed:2007 年 1 月 3 日)

http://www. e-securityworld. com/. (访问时间:2007. 1. 3)

http://www. freecpd. co. uk/learning_materials/information_technology/i-
dentifying_and_assessing_risk_in_it_systems 1. (访问时间:2007. 1. 3)

http://www. globalcontinuity. com. (访问时间:2007. 1. 3)

http://www. globalsecurity. org/org/staff/pike. htm. (访问时间:2007. 1. 3)

http://www. gocsi. com. (访问时间:2007. 1. 3)

http://grc. com/dos/grcdos. htm. (访问时间:2007. 1. 3)

http://www. ukhomecomputing. co. uk. (访问时间:2007. 1. 3)

http://icm-computer. co. uk/risks. (访问时间:2007. 1. 3)

http://www. idc. com. (访问时间:2007. 1. 3)

http://www. identityrestore. com. (访问时间:2007. 1. 3)

http://www. infosec. co. uk. (访问时间:2007. 1. 3)

http://www. it-analysis. com/column. php? section = 24. (访 问 时 间:
2007. 1. 3)

http://www. internetsecuritynews. com/. (访问时间:2007. 1. 3)

http://www. internetworldstats. com/stats. htm. (访问时间:2007. 1. 3anuary
2007)

http://www. jjtc. com/Steganography/. (访问时间:2007. 1. 3)

http://web. mit. edu/kerberos/www/#what_is. (访问时间:2007. 1. 3)

http://library. ahima. org/xpedio/groups/public/documents/ahima/ pub_
bok1_021875. html. (访问时间:2007. 1. 3)

http://www. lockdown. co. uk/. (访问时间:2007. 1. 3)

http://www. nessus. org/index2. html. (访问时间:2007. 1. 3)

http：//www. netsurf. com/nsf/. （访问时间：2007. 1. 3）

http：//networkintrusion. co. uk. （访问时间：2007. 1. 3）

http：//www. newsfactor. com. （访问时间：2007. 1. 3）

http：//www. nscwip. info/. （访问时间：2007. 1. 3）

http：//www. nym-infragard. us/. （访问时间：2007. 1. 3）

http：//www. openenterprise. ca. （访问时间：2007. 1. 3）

http：//owasp. org. （访问时间：2007. 1. 3）

http：//research. lumeta. com/ches/map/index. html. （访问时间：2007. 1. 3）

http：//retailindustry. about. com/cs/security/. （访问时间：2007. 1. 3）

http：//www. riskserver. co. uk/bs7799/. （访问时间：2007. 1. 3）

http：//www. securityfocus. com. （访问时间：2007. 1. 3）

http：//www. securitypolicy. co. uk/bs-7799/index. htm. （访 问 时 间：
2007. 1. 3）

http：//www. schneier. com. （访问时间：2007. 1. 3）

http：//www. sgrm. com/Resources. htm. （访问时间：2007. 1. 3）

http：//www. snort. org. （访问时间：2007. 1. 3）

http：//sunsolve. sun. com/pub-cgi/show. pl? target ＝ content/content7.
（访问时间：2007. 1. 3）

http：//techrepublic. com. com/. （访问时间：2007. 1. 3）

http：//www. theregister. co. uk/2004/04/30/spam ＿ biz/. （访 问 时 间：
2007. 1. 3）

http：//www. searchsecurity. techtarget. com. （访问时间：2007. 1. 3）

http：//www. securityauditor. net/. （访问时间：2007. 1. 3）

http：//www. security. kirion. net/securitypolicy/. （访问时间：2007. 1. 3）

http：//www. sysd. com. （访问时间：2007. 1. 3）

http：//tms. symantec. com/documents/040617-Analysis-FinancialInstitu-
tionCompromise. pdf . （访问时间：2007. 1. 3）

http：//ue. eu. int/uedocs/cmsUpload/79635. pdf. （访问时间：2007. 1. 3）

http：//www. vmyths. com/. （访问时间：2007. 1. 3）

http：//www. vnunet. com/security. （访问时间：2007. 1. 3）

http：//webopedia. com. （访问时间：2007. 1. 3）

http：//www. weibull. com/hotwire/issue3/hottopics3. htm. （访 问 时 间：

2007. 1. 3）

http://www. whitehats. com.（访问时间：2007. 1. 3）

http://www. wired. com.（访问时间：2007. 1. 3）

http://world. std. com/ ~ franl/crypto/cryptography. html. （访 问 时 间：
2007. 1. 3）

http://www. ynet. co. il.（访问时间：2007. 1. 3）

http://www. y2k. com.（访问时间：2007. 1. 3）

http://www. year2000. com.（访问时间：2007. 1. 3）

http://www. zdnet. com.（访问时间：2007. 1. 3）